U0550086

AQUARIUS

AQUARIUS

AQUARIUS

AQUARIUS

Vision

一些人物，
一些視野，
一些觀點，
與一個全新的遠景！

有罪推定

黃致豪◎著

跨界強力推薦

（依姓氏筆劃順序排列）

—專文推薦—

陳昭如（作家，著有《無罪的罪人》、《判決的艱難》等）

—好評推薦—

王俸鋼（彰化基督教醫院司法精神醫學中心主任）

吳慷仁（演員）

呂蒔媛（編劇）

易智言（編劇／導演）

范立達（資深媒體人）

張娟芬（作家／廢除死刑推動聯盟理事長）

陳欽賢（法官）

蔡宇哲（哇賽心理學創辦人兼總編輯）

蔡佳璇（臨床心理師／哇賽心理學執行長）

蕭雅全（金馬獎最佳導演）

賴瑩真（瑩真律師）

目錄

二刀流男孩的存在主義

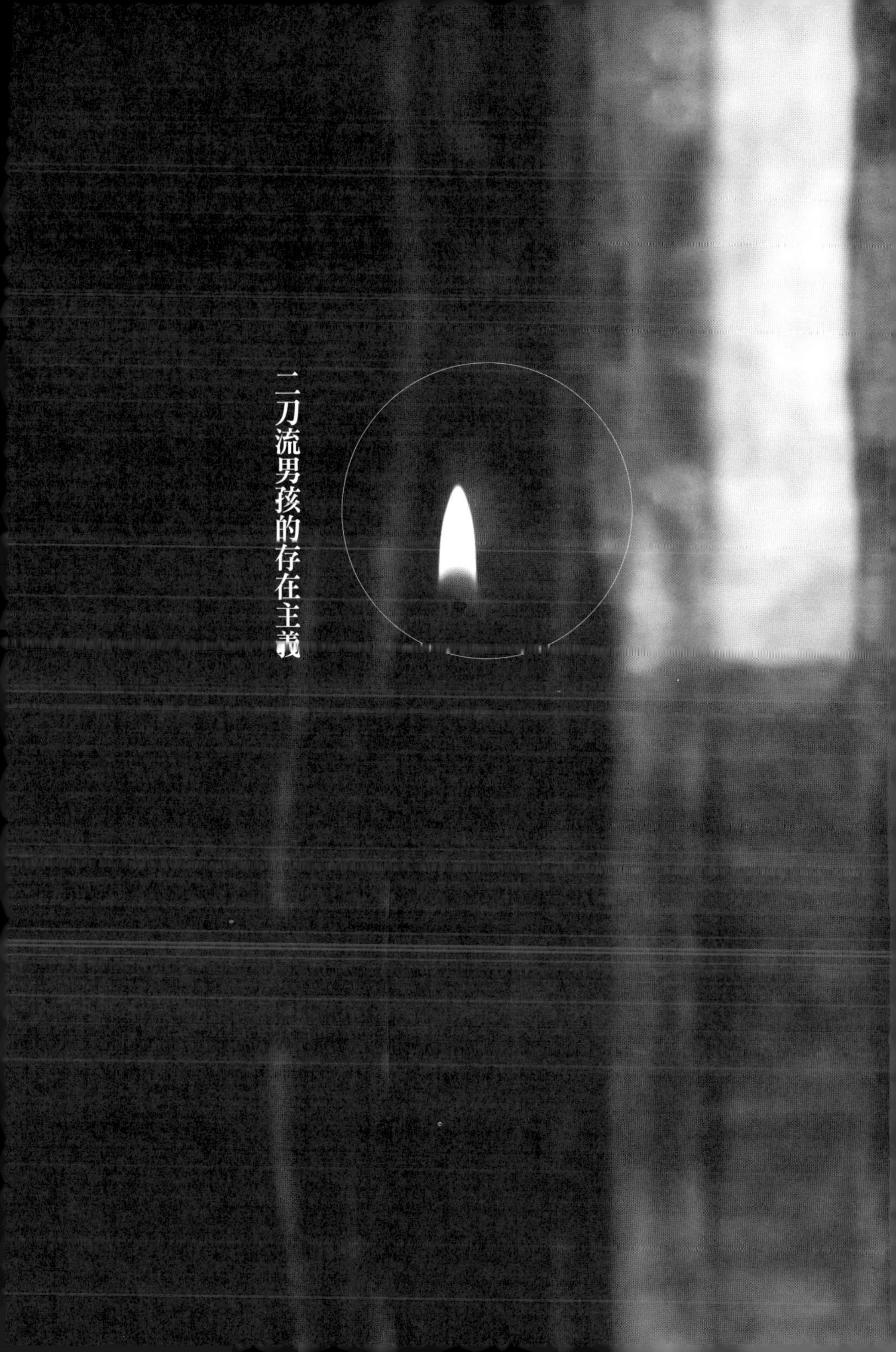

二刀流男孩的存在主義

一邊準備背包，他靜靜地看了手中的刀——真普通的兩把刀啊。一把是從家中拿來，已經不用的舊廚刀。刀柄處可以明顯看得出磨損，刀柄與刀身的接縫處也有不少褐色積垢。不過，刀尖與刀刃的鋒利度大概還是夠的。

反正，能夠用的事物就盡量利用吧。

至於另一把，則是自己又跑了一趟日用品賣場買來的大號水果刀。其實，真要說用途，原先從家中拿的大概也夠用。那為什麼又冒著留下紀錄的風險，去賣場多買了一把？追根究柢，要說是因為自己謹慎（？）也可以，不過事實上，應該還是因為心裡覺得這樣比較帥吧。

不管別人怎麼看，自己覺得「這樣比較帥」這件事，還是很重要的。

先用一把，必要的時候再把另一把拿出來用，這不就是隱藏的二刀流嗎？

自己從來就不是那種會引人注目的人。事實上，在他人眼中，大概從來也就沒人覺得自己會像是個男主角的材料。「那我究竟這麼在乎刀幹麼呢？難道真的以為自己是電玩、動漫主角嗎？」想到這裡，不禁苦笑了下。

「既然要做，還是把事情做好吧。」他這樣對自己靜靜地說了一句。

如果這是一個憑著一把刀，就可以去到任何地方的世界，那該有多好。不過，這樣的想法是不能從自己口中說出來的。因為一定會被誤解。

不對。從出生至目前為止的二十一年當中，應該是幾乎從來未曾被理解，甚至未曾被注目過吧——除了高中那段歲月以外。自己到底是以什麼樣的姿態與身分存在這世間的呢？從小學開始到現在，自己從來就沒搞懂過。雖然也並沒有很積極地去思考或抵抗「存在」這件事。

話說回來，被大家所誤解也沒什麼不好的。沒機會在虛擬世界中擔任封弊者（Detective-Kun），能在現實世界裡集中背負起眾人的誤解，用一種孤傲的姿態前進，不也挺帥的嗎？

門口傳來喧譁男聲，他急忙把刀收進膝上的黑色帆布背包內；拉上拉鍊時，室友正好推門進來，看了他一眼。

「欸，你還不去吃飯嗎？餐廳要關嘍。」

「好喔。」他含糊應了一聲，把黑色背包收入衣櫃裡，關上衣櫃門，起身往門口走去。

其實根本一點胃口也沒有，也並不特別想離開房間。但是不知為何，自己總是不太拂逆身邊人的意思，在家如此，出外亦然——不知道是自己沒有叛逆的勇氣？還是懶得對抗任何事物？

總之，室友既然開口了，也不是太麻煩，那就出門一趟好了。沒有胃口的話，那還不如去校園跑兩圈，練練身體。反正，接下來總是用得到。

在他走出門口的身影背後，室友微微吐了吐舌頭，做個鬼臉。

「怪人。」室友心裡想。

拖到七點才敢從老闆的冷峻眼光下離開辦公室，林宏光終於拖著疲憊的身體上了通勤列車，找了個位子坐下，繼續把公司文件攤在膝上工作，但他心裡盤桓的念頭，卻已經在想該怎麼利用下班時間再打一份工。

「撐一下就好，就這兩、三年吧。為了給玉萍跟孩子們更好的生活，這是必要的……」宏光阻止自己繼續去想像看不到兩個孩子會是怎樣的感受。

這時，他座位背對的車廂出入口附近，突然出現一陣騷動。「是……煙霧嗎？奇怪了……怎麼會有這種事……」宏光自忖。人群慌亂地從他身旁的走道方向奔跑過來，朝向另一側出口衝去。有些人邊奔跑、推擠，一邊大叫：「救命啊！快跑！」他不禁心跳加速，緊張起來，轉頭的目光所及處，似乎出現濃煙及隱隱火光。

「那是什麼？是火嗎？列車上怎麼會有火？是機械故障嗎？……哪有這種事……」

宏光一邊急忙整理散在膝蓋上的文件，一邊慌張地想要快速起身，忙亂間，他隨身的折式短夾從背包中掉了出來，啪一聲落在車廂地面，彈到兩個固定座位間的縫隙裡。他急忙傾前彎身並伸手去撈，卻被膝蓋上的背包壓著文件卡住上半身，右手搆不到。

煙霧與刺鼻氣味愈來愈濃，似乎又不斷有人慌亂地跑過自己身旁。可是這些人的喊叫聲在混亂推擠中越發恐慌，還有尖叫，聽起來卻不像是在喊失火。「好像很嚴重？還是算了，先走再說……？」彈落車廂地面的肥舊短夾四角都已經出現明顯破損，落下時恰好從中彈開，露出內側證件透明格內放的全家福照片，玉萍與孩子們的面龐直映入宏光眼底。

他心裡頓時一暖，左手用力把背包從腹部與大腿之間抽出來，讓身體更向前傾，伸長了右手，用大拇指與食指去夾住短夾翻開的中間位置。「拿到了！快走！」他身體猛然後傾，左手拉著背包的單側背袋，右手捏著短夾，坐回座位，打算利用這股反作用力從座位中反彈後往左前方跑出去，至少先離開這節車廂再說。

就在這時他才驚覺：似乎有腳步聲方落，停在自己的左後側。他還未來得及借力站起身，緊接著左後背傳來一陣劇痛。

「是什麼……！」一陣暈眩之下，他違抗了加速逃離的本能，還是往左後方轉頭看了一眼。

映入他眼中的，是一把血跡斑斑的廚刀。刀柄之上，是一隻蒼白的手，細長的手指包覆著刀柄，發青的指節處都被血漬所噴濺覆蓋。往手的上方延伸迎向目光來處，則是一雙往下斜睨的眼。

他不解發生了什麼事，因為那雙眼看不出有什麼情感在內，而他也完全不認識那雙眼的主人。這不就是個處處可見的大學生嗎？

「你幹什麼?!」宏光大吼。

廚刀起落，再度刺入宏光的左頸側。鮮血一開始噴濺而出，之後則是變成汩汩泉湧。

「我做錯了什麼嗎？……看不到孩子們了嗎……？」宏光朝右前側倒下，跌落在座椅前方，身體漸漸發冷，他本能性地蜷曲起來，縮成一團。仍抓著背包側背帶的左手已經沒有知覺，他費力地把壓在身體下的右手往前挪動到目光所及的角度。因為重力而流滲到地板上的血，頗諷刺地讓手的滑動略微輕易了些。

「玉萍……玉萍拜託你了，對不起，對不起……孩子們，對不起……」他不太確定並沒有做錯什麼的自己，為什麼要道歉，但這些話就是禁不住想從口中流洩而出。

事實上，微微張開的口已經無法發出聲音，這些念頭也只能在心中迴盪。身旁的腳步聲頓了一下之後，繼續前行，不知為何聽起來如此遙遠。宏光始終沒有放開用右手捏住的短夾，眼光就這樣定定地落在照片上，只是焦距已漸漸模糊。

他好懷念家人們的懷抱。

「恨！宅男人魔泯滅人性　慟！通勤列車冷血奪魂」

「冷血宅魔操雙刀　一分半三死十八傷」

案件發生後，一時之間，絕大多數平面與電子媒體幾乎像是自動捨棄了原先涇渭分明的邊界般，反而採取了看起來相當「一致」的報導立場——連下標語氣都幾乎如出一轍，幾乎要讓人以為全國只剩一家媒體。

「冷血」、「人魔」、「殺人狂」、「變態宅男」、「性格如豺狼般凶殘」、「滅絕人性」等極盡負面、侮辱能事的標籤，不分媒體或管道，漫天飛舞；各式電子媒體的點閱率也隨著報導的激烈、聳動，以及對犯罪現場與犯罪過程的鉅細靡遺描寫（其實也是猜測居多），屢創新高。有某些媒體開始以「知的權利」為名，製作了所謂的「動畫新聞」，以「重現」宣稱獨家取得的「地獄般殘酷殺戮歷程」，動畫中還夾雜了多幀不知從何取得，號稱事發後即行封鎖的通勤列車犯罪現場彩照——雖然一天後，這些媒體就以「編輯失誤」為由，把照片修成黑白，不過犯罪現場的凶煞之氣早已在網路上流傳。

拿掉諸多充滿臆測與情緒的內容後，綜合各家報導與官方消息，算得上事實的事件經過大致如下：

二〇二一年十月三十一日晚上七點半左右，一名年約二十一歲的男子林宮太，在T市由「宣航」站開往「九張」站的通勤列車中，持刀無差別攻擊乘客，並使用易燃液體在車廂內與通道間縱火，最終造成二人死亡，十八人輕重傷。林男最終在九張站棄刀，隨後也宣稱犯下本案是為了讓自己被判死刑。

根據乘客描述以及警方對大眾公告的初步調查結果，身穿黑色及膝長外套、背黑色帆布包的林男，在T市的「守林」站搭上特快通勤列車，經過兩站短暫停靠後，在列車駛出「宣航」站，前往「九張」站途中，開始實施其犯案行為：他從第三車廂上車後，從車廂角落將自己事先預備的打火機補充油罐取出噴灑，並以拋棄式打火機點火使油跡延燒、發出濃煙。以此造成車廂乘客恐慌奔逃後，再取出事先備妥之刀具在手，沿著第三車廂，逐步跟隨著恐慌推擠的人群往第四車廂方向前進，沿途無差別性地任意揮舞其手持刀具，途中先殺傷三人（均輕傷）後，再在第四車廂噴油縱火。進入第五車廂，見有乘客仍在座位上撿拾物品，便從該乘客座位左上後方持刀刺殺未及逃匿的被害人（林宏光；三十三歲，失血過多死亡）兩刀後，持續沿走道前進；途中皆以無差別揮舞刀具，或刺或砍之手法，又陸續殺傷十餘人，其中有兩名被害者分別因為右後頸動脈部位遭砍傷（梁政昊，六十四歲），以及腹部大動脈遭刺傷（吳靜芸，五十五歲），出血過多，導致休克而死亡。在該列車緊急停靠於「九張」站後，林男則是停留於第七車廂出口旁之座位，原地坐下，並將刀具放置於身旁。見無人進入列車廂，他片刻後才手持雙刀走出車廂，進入九張站。在到場警力的圍捕下，他又揮舞刀具數次，並大喊：「開槍啊！開槍！」最後棄刀於地，隨即遭到現場警力壓制並上銬逮捕。

林男自此後除了全面認罪，並表示「盡快判我死刑」之外，對於為何犯下此宗案件則始終未做說明。

事務所同仁都已經下班。事實上，黃粱是刻意留到這時才開始讀卷宗的，為的只是希望能在同事面前保留一點自我。

超過二十個被害者，將近兩千頁的卷宗，形同兩座小山。這其中，起訴書只占了七頁。剩下的，幾乎都是被害者的相驗報告、犯罪現場照片，以及相關證人的陳述紀錄。昨天接獲通知可以閱卷後，動員所有可用人力，才終於在今天下午把卷宗印完，運回辦公室。

此時，距離第一次準備程序庭，也不過六天的時間。

黃粱深吸了一口氣，灌下一大口裝在馬克杯裡的廉價調和式威士忌之後，就著桌上昏黃的燈光，緩緩打開了如山般偵查卷宗的第一宗。映入眼簾的第一頁，就是被害人的照片，以及相驗報告。

「被害人林宏光……廣告公司職員……三十三歲？身後……留下遺孀陳玉萍，以及一對六歲、四歲的孩子……」一邊讀著報告與檢方調查的相關資料，黃粱勉力壓制心中的憤怒，又灌下一大口威士忌。

「直接死因：出血性休克致心跳停止；間接死凶：頸部動脈遭穿刺傷切斷致大量失血……」

他一頁頁詳細地讀著被害者的相驗與調查報告，充血的眼眶中滿是淚水，不知不覺緊握的拳像是要捏出血來，眼睛卻沒有打算跳過任何一個字。

他必須把被害者最後的身影、樣貌，以及每一個傷口，還有被害者家屬可能面對的困境，都深深地印在自己的腦海裡。

黃粱總認為，身為一個刑事辯護律師，這段仔細研讀被害者的被害經過與相關證據的時光，是他「欠」被害者的。因為一進入法庭，他就再也別無選擇，只能竭力為當事人辯護。

所謂「魔鬼代言人」（devil’s advocate）一詞的涵義，早已經遭到這個社會中的多數媒體曲解為「為重大犯罪者辯護的人」。不過黃粱並不打算為自己被貼上的這個標籤，多做什麼辯白。刑事辯護律師不需要為自己辯白，因為這個職業本身已經是一種宣言。有話，就留到法庭內說吧。

眼前，還有漫長的一夜。

●●●

隔天一早，黃粱整理好起訴書以及準備程序相關的資料，準備前往看守所律見當事人。雖然在出發前為了強打精神，他在廁所用冷水洗了把臉，換了件襯衫，不過充滿血絲的雙眼與渾身酒氣還是遮掩不住。

到了看守所，照流程出示律師證之後，又在律見區等了將近二十分鐘。饒是辦案經驗豐富的老手如他，在這段時間，心裡也難免忐忑：等下出現的林宮太，不知會是何等凶神惡煞的殘酷殺人者？

隨著門內側安全笛聲「叭」一聲響，綠色燈號亮起，律見室供人犯出入的入口處厚重鐵門「哐噹」一聲打開，律見區右側的監所管理員頓時起身，面略露警戒之色，盯住來人。一列身著監所制服的收容人隨後魚貫而入——這光景，黃粱早已習以為常，但這一次，卻也沒看到什麼三頭六臂、面露冷笑、目光凶殘的人魔在行列之中。

收容人全部進入律見室後，押隊的管理員在隊末關上鐵柵門，門喀嚓一聲自動上鎖。收容人自成一列，前往律見室的輪值管理員處報到，等待分配律見。不到三十秒，「一八九二！你！C區四號！」的語音方落，一個身形頎長卻略帶駝背的青年，緩緩朝黃粱對面的座位走了過來。

老經驗如黃粱，心跳仍不自主地加快，但他面上還是維持無表情的神色。等到對方坐定，黃粱才盯著對方，開了口：「林宮太先生？」

對方點了點頭，顯然也正在打量黃粱。

看見對方的神色反應，此時黃粱的心情由原本的驚疑不定轉為好奇，緩緩說道：「林宮太先生，你好。我是黃粱，律師，你的辯護人。」

林宮太並未如黃粱的其他當事人一般，開始急切地解釋案情或者感謝律師，卻只是「嗯」了一聲。

黃粱的好奇心更熾：黑道跟反社會者自己看多了，但眼前這人半點凶煞神色也沒有，活脫就是個大學生或者初出社會的青年，甚至略帶三分青澀之氣。雖然容貌確實與媒體刊載的照片一致，但實際見面的感覺與媒體照片所描繪的相去甚遠。

這就是媒體所描繪的「宅男殺人魔」？當然，黃粱也深知不能以貌取人的道理，畢竟自身的司法心理學訓練，也協助他在過往案件中辨識出不少隱藏的B群人格障礙（Cluster B personality disorder）者，進而採取對應措施。

「林先生，下週就要開始你的案件在法院的審判程序了。今天來律見，主要有兩件事：第一、我要跟你說明接下來我們會面對的法定程序；第二、我要跟你討論本案的辯護策略——」

黃粱話未講完，原本看似木然的林宮太直接出言打斷：「辯護策略？這種案件不是就判死刑了嗎？走個過場就好，還有什麼辯護策略？」神色之間難掩訝異，甚至有些輕蔑。

「沒錯，你這案子，九成九的機率會判死刑，」黃粱面不改色地說：「這件事，我本來也沒打算跟你粉飾太平。但是話說回來，別說九成九，哪怕是九成九九或百分之百，身為你的辯護人，該做的，我還是要做。畢竟，我要保護的不只是當事人的利益，還有司法制度的本質。」

林宮太睜大眼睛，「我以為你們這些律師會接這種案件就是來走走程序，沾個名氣……所以你是認真地要打這個案子？」

黃粱眼中露出一絲複雜的情緒。同情？疑惑？還是反感？他自己其實也不太確定。「這孩子，是有多欠缺被人認真對待的經驗？」他想起自己過往的經歷，心裡暗忖，一邊回答：「當然認真。不認真，我就不接了。我討厭浪費時間做一些空洞、形式化的事。」

「而且，這種全國都希望你快死的爛案，沒錢收就算了，律師界避之唯恐不及，有什麼名氣可言？」黃粱繼續說道：「有，也是惡名。」

「要不然，你有看到什麼大牌律師、那些開口閉口人權的知名律師搶著來接你的案子嗎？」

黃粱帶著一臉惡趣味的表情促狹地說道，出口毫不留情。

「我這樣說好了：既然你想對抗這世界，那麼面對這個百分之零點零一的審判去對抗看看，檢驗一下司法長什麼樣子，不也是一種反叛的宣言？」

林宮太頓了一下，微微開了口，卻沒能發出聲音來。最後他下定決心似的說道：「好。我會配合你。但是有一個條件。」

「你說說看。」

「案件隨便你怎麼搞，但是不要把我的家人牽涉進來。」林宮太緩緩地說道。

「這會有問題。我們在量刑辯論階段，可能會需要你的家人擔任品格證人，證明你的過往並沒有反社會行為與暴力傾向。再者，媒體早已經不可能放過他們了——」

黃粱正色解釋量刑辯論策略的考量，但林宮太顯然毫不在意，匆匆打斷。

「媒體怎樣我不管，我只要求你不要去煩我的家人。不要叫他們當證人或者出席審判。不要做任何會影響他們的生活或者讓他們困擾的事。」林宮太說：「反正我死路一條。這件事，沒得商量。」

在林宮太略顯低沉的語氣下，這是第一次出現可感受的情緒波動。是一種自嘲？還是自我厭棄？

黃粱轉念想了想：以過去一個多月以來，媒體拚命挖掘林宮太家人的個資，要求他們表態、道歉的狀況，這個家庭大概已瀕臨破碎邊緣，經不起出庭公開審判的摧殘。否則，屆時很可能會變成全民公審林家。

此外，絕大多數的刑事庭法官往往並不注重量刑辯論——先不說形式上是否注意聽辯論，有許多法官甚至會直接把「量刑辯論」與「論罪辯論」合併在一起，要求辯護人用極短的時間「趕快講完，書狀寫過的就不要多說了」。

按照現行司法實務的這類風氣，請求傳喚家人作為品格證人，法院也未必會准；就算准了，也可能弊大於利。找林宮太家人以外的其他人作證，確實可能是比較實際的想法。

念及於此，黃粱說道：「好，可以。不過除了不牽扯到你的家人之外，其他的法律策略，我希望你尊重我的判斷；當然，我會與你充分討論，並取得你的同意。」

林宮太微微別過頭，揮揮手，「隨便你怎麼搞。」一脫離家人話題，他再度恢復面無表情，看似毫不在乎。

黃粱點點頭。

「既然如此，」他從公事包當中取出一疊厚厚的卷宗來，翻開卷宗，取出第一疊照片。「我們就從仔細地認識被你殺害、殺傷的每一個被害人，以及他們的家庭狀況開始。我說的時候，你聽；我問的時候，你答。」

他取出第一疊照片，調整方向之後，推到自己與林宮太之間，一字排列開來，確保張張在林宮太的眼前清晰可視。

第一疊，是林宏光的照片。

林宮太顯然沒料到辯護策略的討論會以這種方式展開。他抬起雙眼，直視黃粱。這是他第一次直視黃粱的雙眼。雖然不覺威脅，但黃粱卻無法判斷他眼中所流露的情緒。不過，黃粱也不打算在這時多想，接著說道：「不是說隨便我怎麼搞嗎？你不怕殺人、不怕死，該不會怕看受害者的照片吧？」

林宮太沉默片刻，說道：「你又不是檢察官。」顯然先前在檢警處受到的待遇，給他留下了一定程度的打擊。

「但我也不是你的保母，而是你的辯護人。我要竭力辯護，就需要你全力配合，而不是以保護你的感受為優先。」黃粱冷冷說道。

「我又沒有覺得受傷！」林宮太抗議道。

黃粱無視，繼續說：「此外，雖然好的檢察官未必能是一個好的辯護律師，但是一個優秀的辯護律師，必然會是一個好的檢察官。我仔細地問你，自有我的道理。」

黃粱略停片刻，手又指向照片。

「看這裡。這是林宏光，你的第一位被害者：二十三歲，兩個孩子的父親，小家庭的唯一經濟支柱。他身後留下年輕的妻子，獨力扶養兩個未成年人。我希望你記得他的名字，對你有幫助。」黃粱語氣平淡地說：「事實上，我認為你有義務記得他的名字。說吧，你在通勤列車是怎麼選上他下手的？當時你心裡在想什麼？請原原本本告訴我。」

林宮太的目光盯著眼前的一列照片，沉默半晌後，吸了一口氣，彷彿下定決心般，開始講述他在通勤列車上與林宏光的遭遇，以及其他人的。

那是一段很長的陳述，而且並不令聽者愉快。

即便如此，在那律見室裡，有那麼某些片刻，或者某些交換問題的光景，黃粱幾乎有他在訪談一個不善言詞的小說創作者的錯覺：小說的主題，或許是透過生命的抹除證成存在？他回憶起年少時鍾愛的法國作家卡繆，《異鄉人》那本小書陪他度過多少無解的時刻。

這樣的念頭浮現之際，黃粱心裡立時出現否決的聲音：不，這不是什麼存在主義文學，這只是一個荒謬的犯罪者。

但就在他回念之前，又一個聲音浮現，雖然極其微弱：「只是」一個「荒謬」的犯罪者？

黃粱微微搖了搖頭，彷彿想把這些從腦海中甩開。

所有犯罪的本質，都是荒謬的；尤其是當人拒絕去凝視、去思索、去反抗人的本質時。

⁂

準備程序庭期之前的幾天，黃粱就這樣密集地律見林宮太，釐清事發經過，討論案情。

這段期間，他除了詳細地詢問林宮太的行凶經過之外，也仔細說明了本案中，檢察官提起公訴的罪名，以及所犯法條與證據——也就是起訴書的內容。另外，他也詳盡地說明了接下來的程序：包括以起訴罪名認否、證據調查聲請，以及證據能力意見為主的準備程序，與透過法定證據方法，對檢、辯雙方提出或聲請的證據進行調查，還有辯論等的審理程序。

沒有對林宮太講出口的，是本案審判長在黃粱接受本案委任後不久，在卷宗首頁以娟秀字跡批示的內容：「本案案情單純，事證並非龐雜，無延後審理之必要。辯護人所請予以駁回。」

黃粱接受本案委任時，距離第一次準備程序庭只有一週不到的時間準備。卷宗資料複印完成的隔天，他立刻就以《憲法》保障的被告辯護權以及無罪推定等原則為法律上理由，對法院提出延後一至二週開準備程序庭的聲請，同時也附上辯護人必須為被告利益進行詳細調查的計畫事項列表，希望能說服法院，至少給點時間調查對被告有利的證據。

雖說法院駁回聲請也並非意料之外的事，但他確實沒想到：形式上代表公平的法院、最應受「無罪推定原則」拘束的法官審判長，竟會在卷宗首頁親筆批下那樣的內容——「本案案情單純」，代表法院尚未審理，已經得出有罪心證；「事證並非龐雜」則是暗示法院認為本案根本沒有調查其他證據的必要，單憑卷宗已經可下結論。

無暴力史、無精神障礙、素行良好的青年，犯下結果三死十八傷的通勤列車隨機殺人事件，原有太多問題需要解答。雖然判決不利的結果早在預料中，但黃粱沒想到，如今連形式上的

「公平審判」與「正當程序」這道最後防線，司法似乎也要棄守。

看著審判長批示的內容，他暗自決定，要在第一次準備程序當天發難。

●●●●

至於林宮太，也有沒能對黃粱說出口的話。

「為什麼殺人？」

每次黃粱問到這件事，林宮太總是訥訥無語。倒也不是故意隱瞞什麼；更像是他也說不上來該怎麼表達——因為自己也沒辦法具體說出為什麼必須殺人。除了下意識地認為除了這樣做，沒有其他選擇之外，自己也沒有機會去深入思考這背後的動機。

黃粱雖然從來也不迫著林宮太非說出什麼不可，只不過看起來也沒打算放棄追究這個問題，沒打算接受隨口說說的答案。

第一次準備程序結束後，隔幾日的律見，黃粱又來討論開庭結果與後續策略。律見將近結束時，他再度用一種話家常的語氣，舊話重提。

或許是黃粱彷彿聊天一樣的語氣，也或許是第　次準備程序庭當中，黃粱激烈無懼色的表現，林宮太不確定；但他覺得，這次好像可以順著黃粱的問題表達點什麼，也思索一下內心的真正想法。

至少他並不排斥跟黃粱講話。

「所以啊，你為什麼殺人呢？」

「因為我想死。」

「為什麼想死？」

「因為覺得這個世界很荒謬，沒有什麼值得存在的意義吧。」

「那你為何不選擇自殺呢？」

「那樣很怯懦啊，那樣做不帥。」

「嗯，自殺應該也有看起來帥氣的方法吧？」

「不是那個問題，是自殺這件事本身，就是很怯懦。」
「那殺人呢？比較不怯懦？還是，你覺得殺人有什麼帥氣的地方？」
「我沒有說殺人帥氣。但至少是憑藉自己的力量，遵守與自己的約定，走到自己可以盡力走的地方。」
「與自己的約定？跟自己約定要殺害別人，會比較帥氣嗎？我聽不懂。」
「……我不是那個意思。」林宮太終於抬頭看了黃粱一眼，他覺得黃粱應該知道他不是那個意思，只是故意這樣問。
「殺害別人，傷害別人，並不會讓我覺得心裡愉快，或者讓我覺得自己高人一等，或是可以掌控別人的命運。殺人不會讓我心裡感覺舒服或開心。我不是變態。所以我的意思並不是說殺人比較帥氣。我只是在回答你的問題，告訴你，我覺得自殺是一件怯懦的事，而我不喜歡看到那樣怯懦的自己。」
「你不喜歡看到怯懦的自己？那會不會是因為，其實你真的有些怯懦？所以，或許你害怕面對真實的自己？」
「……」林宮太並沒有迎向黃粱詢問的目光。

「別誤會，我這樣問不是要侮辱你。坦白講，我也是個怯懦的人，沒比你了不起。」黃粱用一種淡然的語氣說道。

「不太像啊。看你上次在法院講話的樣子，我覺得法官搞不好還會怕你咧。」

「其實我心裡嚇死了。我怕法官因為恨我在公開法庭說他不公、叫他迴避，而把氣出在你的判決上。我怕社會輿論因為我在法庭講了那樣的話，從此定了我的罪，給我貼上我討厭的標籤。我怕人們因為看到那些報導，就來攻擊我，或者我的家人。」黃粱淡淡地說道：「我膽子小得很，也討厭麻煩事。」

「那你開庭還那樣搞？我是無所謂，反正死路一條。」

強調「死亡」這件事似乎成為林宮太與自己交談的一種儀式，黃粱注意到了。

「但你這樣搞不好會惹上麻煩喔。」林宮太接著說。

「已經惹上麻煩了吧。」黃粱微微笑了，決定不告訴林宮太，自己的事務所這兩天收到的威脅信，還有網路一面倒刷出來的負評。

「那你又何必呢？」

「雖然約定的內容不同，但就像你說跟自己有約定一樣，這可以說是我和自己的約定吧，要去面對自己的怯懦。」黃粱停頓了一下，「時間差不多了，今天先這樣吧。」

林宮太點點頭。

黃粱起身時，林宮太突然說：「刀劍神域。」

黃粱沒有搭話，只是看著林宮太。

林宮太解釋：「你上次問我，心中有沒有嚮往，覺得值得活下來的世界。像《刀劍神域》那樣的世界，大概就是吧：可以靠著自己的力量，遵守跟自己的約定，盡量走到力所能及之處。大概是那樣的意思。」

「嗯，我回去研究一下。」

林宮太聳聳肩。「也無所謂啦。上次你問了，那時我沒什麼想法；今天覺得好像比較可以講，就說出來了。你不用太介意。」

黃粱點點頭，轉身往律見室出口走去。

他知道《刀劍神域》（SAO）是什麼——這故事描述一個深受現實生活困境所擾，極度內向，卻仍渴望與人建立連結的少年，透過體感虛擬實境設備在網路世界中，憑實力生存、闖蕩，體驗生命，並尋找自我價值。更重要的是，雖然是虛擬實境遊戲世界中的化身（avatar）人物，但一旦死去，現實生活中的軀體同樣會失去生命。

也就是說：這是一個純個人實力主義的第二人生，但也是一項不能重來的遊戲。

對於當代這個國家的青年或青少年而言，那樣的生活，是一個多麼奢侈，卻又多麼卑微的要求。

從今天的對話當中，黃粱也隱約抓到了林宮太犯案與動機之間的關聯性——身為一個熟知人性的司法心理學研究者，他深知世上原本就不存在無動機犯罪這件事。

只不過，這個社會怎麼可能理解？

黃粱突然覺得一陣憤怒湧上心頭。他為被害者的遭遇感到憤怒，為自己竟然漸漸能同理被告而感到憤怒，也為了這個社會打造出這樣的境遇而憤怒。

出律見室之前，他回頭看了林宮太一眼。林宮太微微駝著身子，靜靜地坐在律見完畢的收容人行列中，眼神空洞地盯著前方。

屬於林宮太的實境遊戲已經結束。說不定，他早就覺得自己已經死了。

他的人生中，究竟是不是只有那段令人髮指的時光，才有活著的感覺呢？

黃粱突然覺得他需要離開這個地方，於是大踏步地走出律見室。

窗外灑落的秋光，好得不像是這個爛所在該有的東西。

●●●

還包著繃帶的手指循著指尖觸及的金屬柄緩緩往上，用力纏繞、包覆住那冰冷、堅硬的觸感。而後，用拇指慢慢解開結合兩側握柄的金屬扣，提起一側握柄，在書包內繞動手腕，讓蝴蝶刀的刀鋒翻出後，把兩側握柄合併握住，再將固定握柄用的金屬扣就著書包底側，壓進握柄內。右手手指再次沿著握柄而上，觸及刀鋒時，輕輕用刀鋒側向刮著指腹，確認刀刃方向與鋒利程度。

為了能在30×60公分見方的制式中學帆布書包內，流暢一氣地完成這些動作，他在家裡練習了不下二十次；為此也割到手指，纏上了繃帶。

但他不在乎。

晚自習下課鐘響，已是晚上九點，班上騎車的同學三五成群地走向校門右側的自行車棚。車棚的燈光昏黃。晚上九點過後，除了下課取車的學生外，幾乎不會有其他人在場。

他隔著另一群人，跟在張千右、紀平遠及林輝章等人後方，刻意保持幾公尺距離。右手則是始終埋在斜背的書包內，緊緊握住金屬刀柄，就等一行人走進自行車棚。

心跳愈來愈劇烈，幾乎快到難以呼吸的地步。

進入自行車棚了，距離還有十公尺左右。他們幾個還在那裡聊天……有說有笑。是在聊他們一群人上次如何叫林輝章把父親買給自己的中古腳踏車座墊割爛、輪子劃破，還在上面淋上一泡尿的事嗎？

「哎喲！怎麼會這樣啦！高材生，你是不是得罪人了啊！要小心捏！」林輝章刻意從他的車旁經過，誇張地捏著鼻子，向他走來。經過他身邊時，還親熱地摟住他的肩膀，低聲說道：

「幹你娘，你很了不起是吧？給我小心一點啊，要不然我下次用刀劃的就不是車子了。」——然後彷彿好友般用力拍拍他的肩膀，哈哈大笑而去。

那個月的那天，回憶中的那張臉、那些話，他忘不掉。但他隱隱意識到，他需要忘掉這些事，才能找回自己。

還有五公尺。

蒸飯箱裡的便當被特別挑出來打翻；書包被丟到教室旁的水溝裡；座位抽屜內被塞進長蛆的貓屍；座椅被換成缺一腳的搖搖椅；騎車行進間，被人用掃帚柄插入前輪輻，導致自己摔個狗吃屎；對自己的種種無端指控。

他低著頭，繼續往他們的方向緩步前進，書包內的右手握緊刀柄到幾乎失去知覺。他曾經想問他們為什麼，因為他真的想不通自己做錯什麼。

三公尺。他們還在說笑，似乎在討論某班的女生，還有誰跟誰比較配。

他不再需要知道為什麼。

持續低頭、大步往前，從林輝章背後逼近的同時，左手正準備掀開書包的帆布上蓋，讓右手的蝴蝶刀可以從書包內抽出來從背後貫入。然後按照近遠，一刀一個。

就在左手抓住上蓋，準備掀開時，一隻大手突然從後方用力地拍在他的右肩上，手心陣陣暖意傳來，讓他身體的去勢緩了緩，差點失去平衡。

「欸，你在幹麼？要不要去吃鍋燒麵？」一個帶著笑意的低沉聲音說。

是河馬嗎？身體為之一頓，眼光自然朝聲音的來向掃去，身後是河馬。河馬的後方稍遠處，還有自己在班上僅存的幾個朋友，兔子、科基、苹志等人。

大家笑笑地看著他。沒人知道他要做什麼；而他的右手，始終沒能從書包裡抽出來。

黃粱從夢中猛然驚醒而坐起，一身大汗。他看著自己的右手，那蝴蝶刀的金屬握柄，感覺竟如此真實。

那荒謬的殺意也是。

他看了看錶：還有五個多小時就要進行應該是最後的言詞辯論了；所謂竭力辯護。自己能做的全都做了，但他也幾乎確信自己還沒準備好。

面對即將以奪走一條生命來獻祭以撫慰其他生命的審判，又有哪個人，可以用什麼方式，真正準備好？

第一審的言詞辯論期日，以一種赤裸裸而殘酷的方式，在公開法庭內進行著。所謂赤裸裸而殘酷，大致上可理解為：司法對辯方一切努力的漠然無視，以及司法放任旁聽者對辯方的攻擊這兩面。

無論是事先以書狀或者當庭以言詞，辯方所提出一切與量刑相關的證據調查聲請，包括囑託專家做心理鑑定、傳喚被告的高中導師與同學當品格證人、囑託國際人權法專家出具《公民與政治權利國際公約》對本案量處死刑可能構成的限制等等，無論再怎麼說明《刑事訴訟法》第一百六十三條的「法院調查義務」或最高法院判決提過的「量刑盤點」原則，審判長依然置若罔聞，只是淡淡一句「合議庭會在判決書交代」帶過。

公開法庭的審理程序中，審判長本有維持審判秩序的職權與義務；但在本案的言詞辯論期日，無論辯方或被告說什麼，台下總是會傳來「垃圾」、「人渣」、「有沒有人性啊」、「真敢講」之類的嗡嗡細語。審判長一貫地視若無睹，以至於到最後辯護人起身進行量刑辯論時，旁聽席的聲浪已經不再是竊竊私語。

「廢話！」「爛律師！」「滾出去啦！」聲音此起彼落，連媒體席的新聞記者也有人加入這股聲浪。

黃粱盡力不受到周遭影響，堅持把量刑辯論的論點一一地、細細地進行陳述，竭力主張司法必須留下被告一命的種種理由。

「審判長……審判長！是不是請你稍微維護一下秩序？畢竟辯護人是在執行職務……」按捺不住而發言的竟然是公訴檢察官。

「旁聽席稍微注意一下秩序！」審判長風平浪靜地淡淡說了句。但似乎聽出審判長的真意，旁聽席的聲音並沒有因此減弱太多。

黃粱說完了。審判長緊接著說：「被告有無最後陳述？」

「有。」林宮太站起來，瘦高的身形依舊微微駝著，臉色更顯蒼白。

「我想向林宏光、梁政昊、吳靜芸三位死者、他們的家屬，還有其他被害者表達歉意。」

「還有呢？」審判長問道。

這時，林宮太微轉身，看著黃粱說：「我要謝謝我的律師。」接著說：「如果能早一點認識你就好了，說不定也不用這樣。」黃粱面無表情，但攥緊的雙拳指節已經發青。

至於那句「說不定也不用這樣」到底是什麼意思，恐怕也沒有人想深究。

「被告，還有嗎？」審判長催促。

「就這樣。」林宮太搖搖頭，緩緩坐下。沒有自我批鬥。沒有磕頭，沒有跪地，沒有流淚。沒有悲苦的童年或受虐的人生。

旁聽席爆出一波怒氣：「道什麼歉啊！」「怕死才說的吧，爛人！」「給我跪下啊你！」

黃粱突然從辯護席起身，「夠了吧你們?!」

林宮太悄悄伸出左手，拉住黃粱的法袍，輕輕扯了扯。黃粱頓了一下，隨後頹然地緩緩坐了下來。

混亂聲中，審判長的聲音傳來：「言詞辯論終結！本案定三月十六日宣判。退庭！被告還押！」

黃粱起身收拾公事包與卷宗。林宮太對他點了點頭，隨即被上了手銬與腳鐐，由法警押解離開法庭。

黃粱拖著卷宗箱離開法庭，無視於駐守庭外的記者與辱罵的人聲，此時他心中一片空白，只想緩緩地走離這裡，呼吸些新鮮空氣。

直到步出法院，脫離記者的包圍圈，身側突然出現一個年老的女聲：「很會講嘛！人渣！」隨即一口唾沫吐得他滿臉，他才終於回過神來。但卻不知該不該將這口唾沫揩乾，於是只能靜靜地往前走。

他覺得即將被宣判死刑的是自己。

●●●●

林宮太的一審判決，在三月十六日當天上午十點，準時地由承審法院的發言人公開在眾多媒體前發布了新聞稿——毫無懸念的死刑判決，毫無懸念的一片叫好。雖然是法院的新聞稿記者會，但現場幾乎嗅得出有種東市行刑的集體狂熱感在空氣中瀰漫。

也由於是死刑判決，因此雖然檢方沒有上訴的必要，案件還是依法被一審法院職權送往上訴審，進行覆審。理論上，採覆審制的二審法院，要負起全面審視一審判決認事用法並予糾正的責任——所謂的「覆審」，其實也就是全面重審的意思。

不過，相對於媒體與民意對本案的激情依舊，二審訴訟的進行幾乎可以用波瀾不興來形容：無論黃粱在庭如何引用法律與判決，指摘一審判決有應調查證據未予調查的違背法令，又有如何的量刑違法問題，或又提出多少調查證據與鑑定聲請，希望說服二審法院深入檢視本案，二審法院從準備程序起，同樣是眼觀鼻、鼻觀心，毫無反應。最多往往還是一句「有無必要，本院合議庭會再評議」帶過。

六個月後，本案以史上少見的速度言詞辯論終結，維持一審的死刑判決。這之間，總共也只開過一次準備程序、一次證據調查加言詞辯論——基本上等同把一審證據重複讀過一回。至於黃粱在二審提出幾萬字的書狀意見，二審判決則只用一句「無非執個人偏狹見解指摘原審判決，辯護人置辭尚無可採」輕巧帶過。二審的死刑維持判決就在社會輿論一片正義的叫好聲中，被送到執掌「法律審」的三審最高法院。

所謂的法律審，其實也就是指法院原則上不處理事實面的爭執，單純從「審查下級審法院判決有無違背法令」的角度審理案件。至於哪些問題屬於事實問題，哪些又屬於法律問題，可以構成上訴的標的，甚至案件本身是否開庭言詞辯論或調查，則完全委由最高法院的法官自行判斷。

這些程序與裁量的變因，黃粱司空見慣，也事先與林宮太在上訴三審之前就詳細討論過。因此最終當最高法院破例開了言詞辯論庭，卻仍維持二審的死刑判決之後，黃粱沒有對結果感到過於訝異。

「我們還有再審、非常上訴、聲請釋憲及依法請求赦免幾條路可以走。這件事還沒結束。」黃粱在死刑判決定讞次日到看守所律見時，這樣告訴林宮太。

林宮太出奇地並未以一貫「揮揮手，隨便你」的態度回應。

「其實，黃律師，我覺得已經太多了——無論是你在這個案件做的，還是你所受的傷害……你究竟為什麼要做到這種地步？」林宮太說到最後，聲音竟然略帶顫抖。

「……因為那是我跟自己的約定，」黃粱頓了一下之後，緩緩說道：「而且我想告訴你：這樣的約定，可以支持著信念前進，而不是作為恨的燃料焚燒殆盡。」

「靠自己的力量盡量走到力所能及之處，」黃粱微微揚起嘴角說道：「是這樣說的，對吧？《刀劍神域》。」

林宮太緩緩點了點頭。

●●●●

「律師好，我是《時代報》記者林如萱。請問您針對外傳林宮太今晚執行的消息有什麼評論？方便電話聯繫嗎？」

「啊？」看到手機傳來這樣一則簡訊，黃粱登時猶如青天霹靂。二、三審會駁回辯方上訴原本是意料中的事，但是最高法院判決確定也不過才兩週，怎麼可能這麼快執行死刑？待執行的死囚至少還有四十人，照順序排也排不到林宮太，這執行又是怎麼決定的？

時近七點半，各家電子與網路媒體都已發布林宮太即將在今晚被執行的新聞快報。顧不得自己從不與媒體接觸的基本原則，他不斷打電話給傳簡訊進來的媒體記者，包括林如萱，詢問他們是否能協助聯絡法務部值班人員，但媒體卻只是希望他代表林宮太表示意見。

「表示什麼意見？被槍決的意見嗎？」黃粱大吼，「你他媽知道你在說什麼嗎？」

被記者掛了電話之後，黃粱與事務所同仁拚命撥打電話，終於聯絡上法務部，在表明辯護人身分後，請總機轉值班祕書。經過三次轉接，將近十分鐘，終於有一位自稱姓杜的祕書接起了電話。

對方很平靜地告訴他：「黃律師嗎？不好意思，人已送到刑場，剛剛執行完畢了。」

黃粱沒有多說什麼，甚至還向對方緩緩道了謝之後，才掛上電話。

他知道杜祕書沒有騙他。因為這時電視上的新聞傳來：「通勤列車宅男縱火殺人魔林宮太終伏法」的快報。

他深深吸了一口氣，走出辦公室，告訴同仁們辛苦了，請他們早點回家休息。然後回到桌前，坐了下來。直到事務所空無一人。

眼前是還沒能寄出去的兩件書狀。

他不知該作何感想，畢竟這是他多年的辯護律師生涯中，第一個被執行死刑的當事人。

突然他想起：前天律見將結束，他起身時，林宮太說了一句話。

「你有注意到，我把被害人的資料背起來了嗎？」

黃粱點點頭。

「那是因為有你這樣的人，讓我對這個世界多點期待了。」林宮太接著說。

雖然超現實，但不知為何，黃粱開始覺得：沒能救被告一命，沒能提早遇到被告，也沒能協助被告與被害人進行修復的自己，才是這場隨機殺人事件的真凶。

他再也抑制不住自己，在桌上的卷宗堆中，靜靜地痛哭起來。

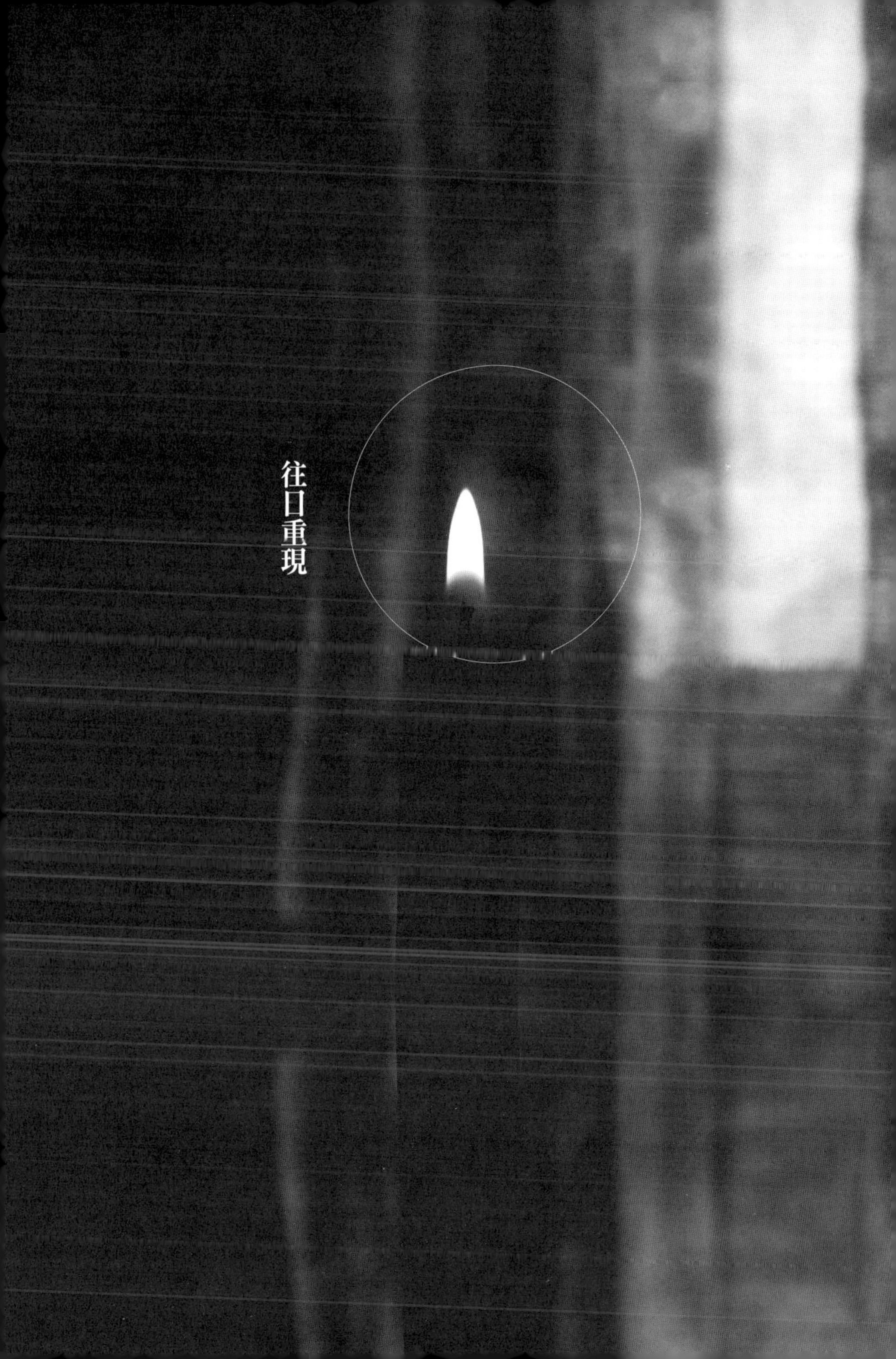
往日重現

往日重現

呂秀玉的英文並不好，雖然拿的是高中同等學力，但以日常所需的生活英文程度而言，離平均值大概還有一段距離。

可是當她偶然間在清潔時，初次聽到大賣場擴音器傳來的一首歌，便不由自主地愛上了。歌曲的旋律如此溫柔，但由女主唱口中娓娓唱出，溫柔下卻藏著無窮盡的悲哀——不是赤裸裸、大哭大喊的那種悲哀，而是人生諸多無奈，無處藏也無處躲，在每一個日常生活的轉角就會浮現的那種悲哀。

聽完後回過神，她急忙拭去眼眶旁的淚水，把清潔車推到牆角，跑去找大賣場的保全。她看那保全常用手機看外國人演的影片，想必英文程度比自己好，說不定可以告訴她那首歌的來歷，比如歌名、演唱者之類的。加上自己頭腦不好，常忘事情，要趁現在快點去問。

保全遇到呂秀玉跑來問，還哼曲段給他聽，弄了半天還是一頭霧水，畢竟自己每天上班哪會去注意賣場的音樂？不過因為秀玉姐平常對自己也還不錯，於是他在休息時間帶著秀玉去找櫃檯值班人員，問問看是誰播的音樂，有沒有歌單之類的可以參考。他記得今天應該是玉萍。

值班櫃檯的玉萍是個年僅三十出頭的單親媽媽，問起她家裡，她總是搖搖頭。見保全帶著秀玉說明來意，玉萍總顯愁苦的面容略笑了笑，點了點頭。「秀玉姐，那首歌叫做〈Yesterday Once More〉啦，是首老歌，木匠兄妹唱的。歌名意思是『往日重現』。」

呂秀玉如獲至寶：「Yesterday……？玉萍，玉萍我頭腦不好，可以拜託你寫給我那首歌的英文歌名，還有主唱的名字嗎？我下次幫你多留半隻烤雞，讓你帶回去給孩子們吃，好嗎？」大賣場員工有機會在熟食過期時，把淘汰的食物偷帶回去，也算是低薪之外的一項小福利，秀玉由於跟熟食部的小主管關係還不錯，因此常有機會拿到比較熱門的品項。

「秀玉姐，不用這麼客氣啦。我把歌名、歌手名字都用訊息傳到你的手機，好嗎？」玉萍邊說邊動作，轉眼之間，秀玉的手機響起叮咚、叮咚聲，她打開訊息一看，歌名、主唱者及購買資訊俱全，不禁喜出望外：「謝謝！謝謝喔玉萍！我這兩天就幫你留～」玉萍微笑著點點頭。

「欸，秀玉姐，啊我咧？」保全說道。

「哈哈，好啦，小哥，我幫你留一條炸雞卷下酒，好嗎？」秀玉開心地說道。

「哈，這樣還差不多。」保全滿足地轉身離去。秀玉也急忙回到工作崗位，繼續自己清潔大賣場的工作。

自那以後，秀玉總是一遍又一遍地重複播放這首歌。她總覺得，這首歌已經足以總結自己的人生。

●●●●

「律師，『多重人格』你熟嗎？」事務所助理掛了電話之後，說道。

「第一、現在已經不叫多重人格了，全名是『解離性身分障礙』（dissociative identity

disorder），以免大眾誤解；第二、大部分的流行文化作品，無論是影視或小說，過去呈現的『多重人格障礙』（multiple personality disorder）幾乎都有嚴重的扭曲或誤解，誤人聽聞；像一九九六年的電影《驚悚》（Primal Fear）、二〇〇三年的《致命ＩＤ》（Identity），或者二〇一〇年的《隔離島》（Shutter Island），某程度也都助長了大眾對精神疾病的嚴重誤解，以為精神疾患者都是犯罪人。事實上，這狀況到現在也沒有比較好……」黃粱頭也沒抬地逕自說道。

突然醒覺自己似乎又陷入獨白式的列點說教之中，黃粱頓了頓，隨即轉換話題：「怎樣？你問這個，跟我們有什麼關係嗎？」

自從林宮太被執行後，身邊的人都看得出來，黃粱身上出現了某些變化。只是大家不太理解：為什麼一個重大凶案的被告被槍決，一個人人皆曰可殺之人，這麼值得他在意？無論如何，原本人我界線就已相當分明的黃粱，雖然還是維持一貫彬彬有禮的態度，但在周遭同事的眼光下，總覺得某程度他的背影更孤單，面對面的距離感也更深了。

像這樣的距離感，黃粱過往多半用長篇大論、類似喃喃自語的「類說教」，或者微笑點頭，或者沉默不語，去構築出與他人之間的深溝高壘。至於他想掩飾或隱藏些什麼？沒人真的知道，他似乎也從沒打算表露。

彷彿早已習慣黃粱最近的這種說話方式，助理只等黃粱語聲一落，便接著回答：「好像有件涉及多重人……解離障礙的案子要找我們。」

黃粱終於抬頭，皺了皺眉，「解離障礙？在精神疾患中的終身盛行率雖然不算高，不過臨床研究也顯示不是沒有遭到低估的可能……只是，實務工作者一般可能辨識的案例真的不太多吧？我的精神病理學老師行醫三十年，總共也就看過兩個，而且還是『疑似』……打來的是誰？做過詐病評估（malingering assessment）以及解離量表了嗎？」怕黃粱繼續沒完沒了下去，助理連忙打斷，「律師，就是陳教授轉介打來的。」

「不早說。」黃粱沒好氣地答道。

陳正宗教授是執業超過三十年的精神專科醫師，也是黃粱在心理學博士班修習精神病理學時的教授。不知是否因為黃粱對於行為科學幾近狂熱的態度，陳教授對於黃粱的評價頗高。

「什麼案件？當事人是哪位？」黃粱問。

「當事人是疑似家暴傷害事件的被告，現職在大賣場擔任約聘清潔人員。案件已經被地檢署起訴並聲請簡易處刑了。告訴人則是被告前夫的妹妹。打來求助的，自稱是被告的母親。據她說：被告曾出過嚴重的車禍，頭部受過傷，此後一直有狀況。」

「車禍造成的腦傷嗎？什麼狀況？」

「被告母親講不太清楚，我略做整理之後，大致上是這樣，」助理看著筆記，開始說：「被告在高一那年，約十六歲左右，經歷嚴重的車禍，腦部受傷，之後失去意識，住院長達十五天。出院後不到幾個月，就開始出現不定時離家失聯的狀況。每次失聯，少則數日；有時候，甚至一消失就是兩、三個月。問題是，被告每次回家之後，都記不得離家期間發生了什麼事。」

「嗯……是被告自己主張失憶嗎？」黃粱不置可否地說道。臨床上的失憶症狀，本身有可能因為神經性疾患或解離所導致；當然，也不無可能是詐病的一種說詞。

「被告的母親原本也懷疑是不是被告在外跟人交往，怕受責怪才回家說謊；直到某次，被告離家幾個月後再回家，家人卻發現她已懷孕兩個月，身上還背了十幾萬的本票債務。查問之下，卻發現被告連與誰發生關係、在哪簽立本票，都一無所知。更離奇的是，在那之後，像這樣消失—懷孕—墮胎—負債的狀況，又發生了好幾次……」

原本習慣用面無表情偽裝自己的黃粱，聽到這裡，也不禁皺起眉頭。

人類一切的行為，背後都有動機存在——無論本人是否如此意識。常被世界各國鄉民與司法實務工作者拿出來口誅筆伐精神障礙患者的「詐病」（malingering）這件事，也不例外。換句話說，不存在動機的詐病行為，難以想像。

詐病的兩大類高風險族群中，有病謊稱沒病的，往往是病識感低落、認知現實感扭曲，又懼怕被社會視為異類的嚴重精神病性症狀患者；至於沒病詐稱有病的，則多半與經濟利益，或是他人認同、關懷或注目等特殊物質或非物質「利害」相關。像本案呂秀玉這種外觀上看似要把自己人生搞垮的狀況，如果硬要說她詐病，那麼，這種以自毀為目的的「詐病」行為，在臨床上相對地難以想像——恐怕這也是為何陳正宗把呂秀玉轉介到自己這裡來的主要理由。

除非，黃粱心想，一個軀體裡面有兩個個性極端的人格，分別渴求著完全相反的人生行徑。Dr. Jekyll and Mr. Hyde？但這話是不能說出口的，因為既無科學知識、也欠缺想像力的社會大眾，難以理解。

「聽起來挺特別。」黃粱一邊揉著眉心，一邊假裝辦公室中沒有其他人在，默默在自己的馬克杯裡倒進二指幅的威士忌，轉移重點問道：「被告在本案的犯罪行為？自白了嗎？」

助理識趣地裝作沒看到黃粱倒酒。「被告自己似乎並不否認犯行，但同時也宣稱完全不記得自己曾有徒手攻擊告訴人的家暴行為。據被告母親的說法，他們看了幾位醫師的意見都不一樣：有診斷為思覺失調的，也有說是腦傷造成的暫時性癲癇失憶（transient epileptic amnesia）。最後找到陳醫師，他則是懷疑跟多……解離障礙有關，所以建議她們在刑案部分可以來找我們提供協助。」

黃粱嘆了一口氣。

「就算真有失憶，基本上也沒辦法憑這個症狀，以《刑法》十九條主張精神抗辯減免刑事責任，因為這和辨識能力或控制能力沒有直接關係。至於涉及解離症的可能性……這個等有了進一步的證據再說吧。在法律上，如果真的是嚴重的思覺失調造成的脫離現實症狀，那說不定還有點機會。」

黃粱深刻理解這個社會因為種種無知，而對於精神障礙者抱持的深刻恐懼；這樣的恐懼，也緊緊拴在審、檢、辯實務工作者的頸上，影響著這些人的判斷。因此，知道自己屬於極少數的黃粱，在評估這類事件的未來發展時，總是保持著一抹保守而悲觀的態度。

「律師，我不太理解……陳教授不是因為覺得是解離，才請她們來找你處理這件刑案的嗎？」助理不解。

「才不是。陳教授會請她們來找我，是因為兩個理由：第一、這種專業難度高、又沒錢的案件，除了我之外，大概不太有人會接；第二、陳教授很清楚我不會盲目地只因為被告的說詞，就對他的診斷意見照單全收，一定會去找出證據，進行檢證，」黃粱微微搖頭，說道：「他太清楚我的個性了。」

「那麼，就請你先聯絡當事人，約時間到所諮詢。我們必須先全面了解案情，找出爭點，才能循著脈絡進行調查。」黃粱下了結論。

語聲未落，他的視線已轉回電腦螢幕，開始在資料庫裡查起有關思覺失調、解離性失憶與神經性失憶之間鑑別診斷（differential diagnosis）的相關研究文獻。

助理默默地看了他的側影一眼——辦案時的黃粱看起來雖然還是有一種說不出來的寂寞，但不知為何，她幾乎可以肯定，不辦案時的黃粱恐怕更加疏離與寂寞。

與助理通過電話後，隔週的週一早上，呂秀玉與母親依約來到事務所，由助理引領至接待當事人的會議室，依序就坐。母女二人感覺上竟有些戰戰兢兢。

黃粱進入會議室，略欠身，點了點頭。「呂秀玉女士與呂媽媽？二位好，我是黃粱，律師。」

「律師好，我是呂秀玉。」面容較年輕、約四十歲不到的中年女子怯生生地開口，愁苦神色中，帶著股強烈的不安感。

「律師，您好，我是秀玉的媽媽。先前的電話，就是我跟你們助理聯絡的。」神色堅毅的婦人雖說是呂秀玉的母親，外表年齡看來竟與女兒不相上下，說是姊妹也不為過。或許是呂秀玉過度操勞，看來較為滄桑之故吧。

黃粱點了點頭。「今天請二位過來，主要是想針對呂女士遭起訴聲請簡易處刑判決的家暴傷害事件，進行討論——」

呂秀玉小小聲地打斷黃粱，「律師，律師，不好意思，我……」

「怎麼了？」

「我是大賣場的約聘清潔工，收入不是很好……」

黃粱搖了搖頭，「我還沒決定要接這個案子，純諮詢而已，這次也沒要你付錢，你不用緊張。」

「我……我不是不想付錢……」

看到呂秀玉愕然、急於解釋的表情，黃粱知道自己不假思索的直率又傷了人，顯然對方會錯意，以為自己嫌貧而拒接案。思及此，黃粱又溫言補了一句：「真抱歉，我不太會講話，可能讓你誤會了。讓我解釋一下：我們討論完，如果你覺得可以信賴我辦這個案子，我們再來討論一個你比較能負擔的方案吧。目前，錢沒那麼重要，先談案情。」

呂秀玉聽到黃粱溫言解釋後，心情似乎放鬆了些，講話聲量也隨之大了點，不過也只是在勉強可聞的範圍而已。「黃律師，我一定會付錢的，雖然我還要養小真，可是一定會湊出來給你……你願意接案，我已經很感謝了。他們都說我在說謊，沒人相信我，可是我真的沒有。我沒有要否認我有打林美玲，因為我回神的時候已經是坐在她身上，然後東西也亂了……可是我真的不記得過程發生了什麼事。我最後有印象的部分，就是聽到她說『生不如死』的時候，接下來我就不知道了……」呂秀玉用細如蚊鳴的聲音，叨叨絮絮地說道。

「『生不如死』？什麼意思？你是說，你前夫的妹妹當場有威脅你嗎？」

黃粱在諮詢前，已經先看過檢方聲請簡易處刑的起訴書內容，知道林美玲是呂秀玉前夫林富田的妹妹，也就是本案受家暴傷害行為的被害人，不過，起訴書中並未提到林美玲出言威脅或恐嚇呂秀玉的部分——話說回來，以偵查起訴的司法實務而言，對於判決求刑不利的事實，檢方原則上多半略而不提，這也不奇怪就是了。

「如果是只有威脅我、罵我，那都沒關係，」呂秀玉苦笑道：「反正我在他們家常被罵，只有阿田會體諒我……但他也很為難啦，娶我一個皐過孩子、腦袋又有問題的女人進門……」

秀玉的母親連忙安慰她。

黃粱細細聆聽後，決定稍後再問有關車禍的事件，隨即直接切入，拉回問題。「所以『生不如死』不是威脅你，那林美玲是在講誰？」

「講我兒子啦！講誰！」呂秀玉突然爆發似的音量提高，「那個賤查某對我三歲大的兒子阿真動手！說要讓他生不如死！」

呂秀玉的反應，無論是音量或情緒面都前後落差太大，黃粱猝不及防，心裡暗吃了一驚，隨即回神仔細觀察呂秀玉的語氣、神色與行為，臉上卻不動聲色。

「秀玉啊，你怎麼這麼大聲啦！是我們來找黃律師幫忙的，你怎麼……」呂母一邊制止女兒，一邊忙不迭地轉頭向黃粱賠罪。「律師，真的對不起，拜託你不要跟她計較……秀玉她喔，小時候出車禍，頭受過傷，撞壞了啦。上次在檢察官那邊也是這樣，突然大聲起來，搞得檢察官氣得要叫法警……」

黃粱搖搖頭，對呂母說：「呂媽媽，沒事，我看多了，你不用擔心。」隨即接著問呂秀玉，「你之前也對檢察官這麼大聲？是講到什麼狀況，讓你這麼在意？」

呂秀玉低下頭去，「律師，對不起啦，對不起，我不是故意的……有時候我不知道為什麼，就是控制不住……」說著說著，紅了眼眶，「就是講到我三歲的兒子小真被他姑姑虐待的時候，我就……都是我不好啦，頭腦撞壞了……」

「沒關係，我理解，」黃粱溫聲接話，「是不是只要想到你兒子被虐待這件事，你就會覺得很不舒服？」

呂秀玉邊擤著鼻子，邊點點頭。

「可以告訴我當時的感覺嗎？提到這件事的時候，你腦中的感覺是什麼？」

「就……好像『轟』的一聲，之後有時候會超生氣，嚴重的時候，甚至會腦筋一片空白……」

「像你說的『轟』一聲，腦中出現空白之後呢？」黃粱溫和地接續問道。

或許是受到黃粱的語氣鼓勵，呂秀玉說話漸趨順暢，雖然聲音還是很小：「有時候，空白出現之後，再回神已經是在另外一個地方了……這之間發生了什麼狀況，我就記不起來……」

「像你剛剛描述這樣的空白一段時間再回神之後的狀況，常常出現嗎？」

「律師，其實這種狀況從我高中出車禍之後，每隔一段時間好像就會出現一次……聽家人說我會消失，失去聯繫……隔一段時間才會又回到家，可是那段時間好像會做一些我自己完全不記得的事……」講到這裡，呂秀玉神色顯得既難為情，又有點悲悽。「有幾次，我連自己是怎麼懷孕的都不記得了……家人懷疑是不是我在外面亂交男朋友，問題是我連是誰都不知道，就算真的是交男朋友，誰會讓自己背上一堆本票債務呢？我雖然不聰明，可是智力沒什麼問題啊，怎麼會把自己弄成這樣……」說著說著，呂秀玉又開始紅了眼眶，啜泣起來。呂母連忙握住秀玉的手。

黃粱轉向呂母，「呂媽媽，你們今天有帶呂秀玉先前就診的病歷資料過來吧？」

「有啊，律師。」呂母從隨身的老舊帆布提袋中取出一落文件，交給黃粱。

黃粱接過文件，對呂秀玉說道：「你先稍微休息一下沒關係，上個洗手間，喝點水，平復一下心情。」一邊眼光落到文件上，「我利用這個時間，快速看一下你們帶來的醫療紀錄。」

黃粱開始快速掃視起這厚厚的一疊醫療紀錄，發現其中包含了呂秀玉高一出車禍那年的診療紀錄，以及後續在各醫院及大學醫學中心就診的診斷與病歷內容。其中，呂秀玉車禍發生後，同年十月七日由明揚醫院所核發的神經外科甲種診斷書記載內容，大概如下：

患者車禍送院急診；頭部嚴重外傷合併嚴重腦挫傷及蜘蛛網膜下腔出血；左額顳部硬腦膜下腔血腫；右眼外展神經外傷病麻痺；九月十三日住院時昏迷不醒，二十八日出院，意識恢復清醒。

雖然看起來是二十年前的診斷書內容，紙本也已經相當陳舊，但確實可以反映呂秀玉曾經歷車禍，嚴重腦傷的事實。

剩下的幾份醫療紀錄中，除了一份懷疑症狀與暫時性癲癇失憶（TEA）有關外，其餘多半傾向判斷為症狀符合思覺失調症；CT腦部斷層掃描結果，也顯示呂秀玉確實有腦傷痕跡。其中，較值得注意的則是來自國立M大醫學院附設醫院，在二〇一七年開立的病歷摘要：

思覺失調症患者。

註明：患者於十六歲時遭遇車禍後，送入明揚醫院急診，入院後，長達十五日失去意識、昏迷不醒。醒來後，患者出現顯著回溯性失憶（retrograde amnesia）與注意力缺損（attention deficit），以及情緒激躁（agitated mood）症狀，且恢復非常緩慢。

此後，患者即常態性自家中消失且與家人失去聯繫，有時甚至長達數月之久。某次離家數月後再次返家，疑似因為遭到男性欺騙以致懷孕，且處於嚴重負債狀態。此後患者經歷至少六次墮胎，身負數十萬元債務。

到二十六歲時，患者開始出現睡眠障礙與情緒易變等症狀，且日常生活經常出現被迫害妄想與關係妄想；據身邊人觀察，患者也會出現自言自語症狀。且在過去兩週開始，出現聽幻覺更趨嚴重（主要為：男聲與女聲討論患者小時候出車禍的事清晰可聞），伴隨視幻覺（電視上會出現特殊字幕，記載與患者戀愛的男性名字與過去的車禍紀錄）。

近期則因工作與育兒壓力而出現嚴重情緒不穩定狀態。

患者自十六歲發生車禍後，便出現嚴重之注意力缺損，以及回溯性失憶症狀；可能在強烈情緒影響下，出現解離或解離性失憶症狀。

快速看完後，黃粱輕輕嘆了口氣。看起來，本案確實可能與「解離」有關。

倒不是案情涉及解離這件事對他來說難處理。只是在司法程序中，問題從來就不是案情本質，而是該如何面對司法實務工作者的偏見與無知，去討論案情的本質。

他吸了口氣，抬起頭來，繼續詢問呂秀玉與呂母有關車禍的經過，但心裡對本案已經有了後續處理策略的方向。

●●●

「你跟一堆野男人在外面偷來暗去，騙我哥跟我們家的錢，不知道去哪裡生下一個父不詳的野種，回頭誆我哥說是他的，以為我不知道嗎？」林美玲在眼鏡下的細小雙眼與濃厚的眼線幾乎難以區辨，從中射出的惡意卻如此明顯。她接著擠眉弄眼，用一種誇張的語氣說道：「你就是看我哥蠢，想要來奪家產啦，對不對？」

在旁邊地上玩著玩具的小真聽到林美玲充滿惡意的高八度聲線，雖然不懂對話內容，也不禁輕聲啜泣，哭了起來。呂秀玉想過去抱他，但是林美玲雙手扠腰，跨前一步，擋在這對母子之間。

「你閉嘴！哭！整天只會哭、吃飯跟大便！你還會什麼？」林美玲失控地對孩子吼道：「你媽媽是智障，你這個野種也差不多啦！」小真頓時由啜泣轉為大哭。

「美玲，你不要這麼大聲啦，弟弟才三歲，沒做錯什麼……我沒有要你們的家產，而且每個月都有拿錢給你們當作小真的費用……」著急的呂秀玉講到後來，聲音愈來愈小，「再怎麼樣，小真也是姓林，真的是你哥哥的孩子，你不要這樣……」

「有拿錢回來？哈哈哈！」林美玲用高八度的誇張笑聲說道：「每個月給個一萬塊，就要有吃有穿有睡，還有我跟我媽兩個專屬保母伺候，把屎把尿；然後你愛來就來，不愛來就丟我家，你還有臉說！」

「我約聘的薪水每個月才兩萬多，工時又長……你們也不讓我和阿田住家裡……另外阿田跟我說，他也有拿錢給你們用來照顧小真，我都有從公司帶衣服和食物回來給你們，你也都知道……」面對林美玲的尖酸刻薄，呂秀玉低聲解釋之餘，又急著想過去抱小真，頭只能不斷往下低，原地著急。兩手之間抓著的MP3播放器，直如滄海中的一根救生稻草一般被她捍在手中，幾乎散去。

「喔，所以你腦袋壞掉、賺不到錢、亂生野種還塞給我們帶，都是我們家的錯嘍？」林美玲冷笑道：「我哥哥蠢，愛幫別人養野種，憑什麼連累到我？我的青春？我應得的財產？」音頻隨著情緒愈來愈高。

一旁的小真因為一直沒人抱，大哭聲始終不歇。

「賤種，哭什麼！」林美玲突然爆發，轉身一步上前甩小真一個耳光，接著捏住他的左耳往上扭，「信不信我讓你媽看看你生不如死的樣子！」劇痛之下，小真也只能放聲嚎啕大哭。

在林美玲身後的呂秀玉，意識深處有個微弱的聲音提醒自己要上前去救小真，但身體無論怎麼顫抖，就是動不了。此時，她的腦中突然「轟」一聲，接著一片空白，失去了意識。

林美玲不敢相信自己的眼睛。

原本在原地唯唯諾諾、呆若木雞的呂秀玉，一瞬間竟然欺近自己身後，一手揪住自己的後衣領往後提起，另一手則用力掐住自己扭著小真耳朵的右手。隨著右手傳來劇痛，林美玲本能地放開小真，孩子跌坐地面。接著就是一個耳光熱辣辣地落在自己的右臉，眼鏡隨之飛出落地。

「賤人，可以這樣對小孩動手的嗎？」充滿怒氣的身形站在小真與林美玲之間，粗糙的聲線恨恨地質問。

「呂秀玉你……！」吃了一記耳光，被甩坐在地面的林美玲，就算向來牙尖嘴利，這瞬間竟吃驚到說不出話來，身體一面反射性往前探，伸手往左前方去摸索落在地上的眼鏡。

「眼睛瞎了你，拿我跟呂秀玉那個沒用的笨女人比！」呂秀玉粗聲低叱的同時，直接大步一屁股跨坐在林美玲後背上，將之壓制在地；一手直接揪起林美玲的頭髮向後拉，另一手則扭住她的右耳反向扭轉。「生不如死，是吧？」呂秀玉獰笑，在林美玲耳邊低狺道。揪住頭髮的手進一步施力後扯，不得不仰頭的林美玲發出痛苦的哭喊。

呂秀玉維持壓制姿勢，放開耳朵，撿起身旁的眼鏡，用腳踩住塑膠框鏡身，另一手俐落地借力折斷金屬鏡腳連結處，而後以鏡腳斷折的尖銳處直接戳在林美玲的頸部，林美玲頓時尖叫出聲。

呂秀玉一手拉著林美玲的頭髮，一手用尖銳的鏡腳在林美玲頸部輕輕劃過，「只要你再動小真，我殺了你。」呂秀玉貼近林美玲耳旁，低聲說道：「不管呂秀玉這沒用的笨女人在哪，我都會出來親手料理你。」而後用力將林美玲的頭向右後方扭轉，把鼻息與飛沫直接噴在已然扭曲的林美玲面容，冷笑說道：「你最好不要相信我……」又頓了頓，彷彿自言自語地說：「……還是現在殺了你比較好？那個笨女人一定不敢下手，我現在動手不就一勞永逸，省了大家的麻煩……」

林美玲以彆扭的姿勢瑟瑟說道：「秀玉姐……大……大嫂……相……我相信……拜託大嫂看在我哥的面子上，放我一命，我相信……以後不敢了……」聲音竟在發抖。呂秀玉又拿斷折的鏡腳在林美玲眼前晃了晃，才放開手，低聲在她耳邊說：「你給我記住今天。我隨時會再來。」

原先趺坐在地、嚎啕大哭的小真，不知是否因為目睹自己母親的難解變化，原本已鴉雀無聲、瞪大雙眼，但此時或許是因為呂秀玉的猙獰面貌，又哭了起來。

跨坐在林美玲身上的呂秀玉，呆了片刻後，猶如大夢初醒，直接從林美玲背上跳起來，一臉迷惘地看著自己右手握著的鏡腳、手上的傷痕、地上的小真，還有林美玲。

林美玲得獲自由，不顧一頭亂髮，連忙起身，一面看著呂秀玉，緩緩退到門口後，轉身快速逃了出去，一面大喊：「救命啊！殺人啊……殺人啊……」

大惑不解的呂秀玉卻只呆呆站在原地半晌，直到驚覺小真還在哭，便過去將兒子一把抱起來，卻還在回想方才究竟發生了什麼事。

●●●

時間是下午二點三十分，在中南地方法院第十七刑事法庭。

書記官朗讀完案由，法官剛結束人別訊問與罪名、權利告知，正說到本案經檢察官聲請簡易處刑的審理方式時，一陣高八度的聲音突然打斷法官。

「法官！什麼簡易處刑啊？檢察官起訴書寫錯了吧！我提告的時候是說呂秀玉殺人未遂，也去查過《六法全書》了，這是十年以上、死刑的罪耶！結果檢察官起訴的罪名竟然是什麼家暴傷害！這根本是縱放人犯，罔顧正義！檢察官是不是收了被告跟辯護律師的錢啊？」即便在地方法院簡易庭，林美玲手中一面揮舞著已經被捏皺的兩頁起訴書，依然一副趾高氣揚的態勢；高八度的招牌嗓音也依舊，只是換了副眼鏡。

「告訴人，你說什麼？公開法庭，你不要太過分了，小心我職權告發你侮辱公署！」公訴檢察官登時怒目相對說道。

法官隨即緩頰。「公訴人先別激動，我的法庭，我來處理。」清了清喉嚨，法官換了副聲線，厲聲說道：「告訴人，你有人證或物證證明被告或辯護律師拿錢給檢察官嗎？還是你親眼看到？何時？在哪？」

林美玲猶不示弱，振振有詞地繼續長篇大論。「法官，我是被害者耶！那個呂秀玉根本就是存心要殺我，只是被我機警逃脫而已，這至少也是家暴殺人未遂吧？你們司法官現在是怎樣？公審可憐的受害者嗎？司法不公嘛！」

面對眼前的荒謬場景，辯護人黃粱倒是不慌不忙，相當自在；事實上，他連話也懶得說半句。畢竟，法庭詰辯技術的第一原則正是：如果對造想要毀了自己的案子，絕對不要阻止她。

果然，林美玲語聲未歇，法官已杏眼圓睜說道：「告訴人，請你聽好！第一、本案雖經檢方起訴，但無論起訴罪名為何，是否與告訴意旨相符，被告依法仍受無罪推定保護；本院自會依照證據認事用法，針對被告有無犯罪或者涉犯何罪加以判斷。司法公不公，自有公斷！第二、一入法庭，一切程序開閉進行便由本院依法律與法定職權指揮；沒請你表達意見，那就請你安靜坐好！有意見想發言，請你先取得本院許可。若你拒不配合，本院也只好請法警請你暫時離席，冷靜冷靜。第三、無論是法官、律師還是檢察官，一入法庭執行職務，都是依法為之；其尊嚴必須加以保護，不容你恣意攻訐。這些人如果有違法之處，歡迎你依法舉證告發！但若沒有證據隨意攻擊審、檢、辯，他們一樣可以請本院職權告發你侮辱公署與公然侮辱等罪！」講到後來，竟是一字一句，咬牙切齒，格外用力。「也請你不要忘了，法庭上程序進行全程錄音。本院絕不容許法庭秩序與尊嚴，遭任何人踐踏！」

林美玲頓時僵在當場，坐下也不是，站著也不是。

法官說完，隨即轉向檢察官席，說道：「公訴人，你要請求本院職權告發告訴人侮辱公署罪嗎？」

檢察官頓了頓，冷笑一聲說：「法官，讓我想想。需要的話，再向貴院調錄音。」

法官點點頭，又轉向黃粱。

「辯護人，你要請求本院職權告發告訴人公然侮辱罪嗎？」

黃粱的法庭經驗何其豐富，判讀心思的能力又強，哪裡不知道簡易庭審判長藉機想殺告訴人氣焰，給她好好上一課。當下隨即答道：「庭上，個人名譽事小，司法尊嚴事大。我等一下下庭便具狀向鈞院聲請調取今日開庭錄音檔，繕打逐字稿後，再配合公訴檢察官一併呈請鈞院職權告發，必要時請該管檢察署併案偵辦。」

黃粱說完，轉向書記官：「以上請書記官一併記明筆錄，以作為日後勾稽法庭錄音，辨明告訴人今日在公開法庭是否涉及違法的證據，以嚴加查辦。」

法官滿意地點了點頭，公訴檢察官也不禁掩嘴竊笑。在庭的審、檢、辯三人心知肚明：黃粱的話聽起來凶狠，事實上他東一句「配合公訴檢察官」，西一句「必要時請該管檢察署」，顯然是全賴在檢方頭上——正是「如果檢方有要追究，那我再說」的無賴作風。

看黃粱話接得漂亮，法官接著便說：「書記官，請依本院、檢方以及辯護人方才發言意旨，一一摘要記明筆錄，以防日後檢、辯任一方要對告訴人林女士起訴，證據滅失，」講到這裡，眼光落在告訴人臉上，「才不會又有人要指責法院袒護犯罪，司法不公。」

黃粱暗笑在肚內，面上卻一派正經，應答道：「沒錯，沒錯。有證據就要嚴辦。」

這時的林美玲癱坐在告訴人席，面色一陣青、一陣白，整個人像是洩了氣的皮球，再講不出一句話來。

「告訴人！你還有話要說嗎？」法官轉向告訴人，厲聲問道。

「沒……沒有。法官大人。」

黃粱肚內暗笑，「大人」都脫口而出了，不知道何時喊「青天」？

「好，你說的。有意見，再請你具狀陳報。」法官滿意地說道：「請檢察官陳述起訴要旨。」

「詳如起訴書所載。」

黃粱皺了皺眉，暗道：「這公訴人……還是走這種潦草的老套啊，連個起訴要旨都惜字如金。」

「被告，檢方依照《家庭暴力防治法》以及《刑法》傷害罪，起訴你涉犯家暴傷害既遂罪，以及毀損罪。你的答辯是什麼？」顯然是跟檢方配合慣了，法官直接依照起訴書內容，問起被告。

呂秀玉原本細如蚊鳴的聲音，這時更加微弱，「我……我……我不確定……」說到後來，連坐在她身旁的辯護人黃粱都聽不見。

法官倒也還有耐性，以為被告是因為教育程度不高或者緊張過度而聽不懂，才這麼小聲，於是又溫和地說明：「你聽不懂嗎？本院剛剛問你：檢察官起訴，說你有打傷告訴人林美玲，又弄壞她的東西、無法使用，你是承認，還是不承認？」法官翻了翻卷，「你在偵查程序有承認打人跟毀損，不是嗎？這樣檢察官才會聲請簡易處刑啊。」

「我……法官……我……我不確定……」

「什麼？你不確定什麼？被告可以大聲一點嗎？我們法庭程序進行需要錄音，書記官也要做筆錄……」

「我不確定……是不是我做的……」呂秀玉吞吐半天，終於講出一句完整的話。

法官一時間不能理解呂秀玉的意思，「你不確定是不是你做的？什麼意思？你想認就認，沒做就說沒做，想行使緘默權就說。什麼叫做不確定是不是你做的？」

黃粱緩緩起身，說道：「庭上，被告膽怯緊張，又受過腦傷。容我為當事人說明真意？」

法官點了點頭，「大律師請講。」

「被告她的意思是：雖然做這些事的軀體是她，但操縱當時犯罪行為軀體的人格與意識，並不是她。」

「啊？」法官頓時為之愕然，剎那間忘卻自己坐在法檯之上，必須維持一張撲克臉。

「庭上，我這樣講好了：無論是權利主體或者犯罪主體，原則上都必須是人，對吧？但是在自然人的狀況，我們如何論斷不同人格居住在同一個軀殼裡面、分別操縱這個軀殼之下，所做出的違法行為？」

法官明顯皺起眉。黃粱接著說道：「《變身怪醫》這本世界文學名著，學養淵博的庭上想必看過吧？」邊講，邊給法官戴上一頂不能否認的高帽，黃粱接著說：「假若一個軀殼裡住著不同人格，那B人格操縱身體犯下的罪，該由A人格承擔嗎？」他緩緩地說道：「這正是本案的核心問題之一。」

「辯護人，你……？」法官明顯出現惱意，「你是想主張人格分裂作為抗辯嗎？這是簡易案件，不是小說，好嗎？」

「庭上，你所謂的人格分裂，依據《精神疾病診斷統計手冊》第五版，也就是DSM-5，正確的臨床病理名稱是『解離性身分障礙』，Dissociative Identity Disorder，正是一種嚴重的精神障礙。其次，被告呂秀玉十六歲時因嚴重車禍所致腦傷而出現這種精神障礙後，在不同人格控制軀體的狀態下，根本就不會存在其他人格原本應該要具備的辨識或控制能力，」黃粱溫和地說道：「她常因為嚴重的解離與失憶狀況所苦，我們後續會舉證說明。此外，呂小姐也經確診羅患思覺失調症，對於現實的辨識感同樣嚴重受損。這兩種嚴重的精神障礙，影響且主導了呂小姐在本案犯行時的辨識與控制能力，是不爭的事實……」

「辯護人，這件是簡易處刑聲請案件……你……」法官眼見黃粱並無住口之意，終於忍不住出口提點。此時黃粱正說到一個段落，對法官的「提點」也裝作沒聽見，逕自繼續：「……因此，本案起訴時雖屬聲請簡易處刑案件，有鑑於呂小姐的特殊身心狀態，依據《刑事訴訟法》第四百五十一之一條第四項與第四百五十二條，確有依法轉換成通常程序，進行證據調查與審理之必要。案無大小之分，程序正義卻不可不維護。剛剛庭上當庭諭知告訴人的一番話，義正辭嚴，令人欽佩，難道不是這個意思嗎？」

說完，黃粱對著審判席微微一笑，鞠了個躬，緩緩坐下。

「公訴人的意見？」被黃粱將了一軍的法官，無奈之下，只好將視線投向檢方求助。

「辯方所請，浪費司法資源，毫無可採之處！」檢察官加重語氣說：「大律師要主張思覺失調適用《刑法》十九條，若有確切醫療證據可支持，那麼貴院依法判斷要不要給予被告責任減免，我本於檢方客觀義務，也就算了。至於說什麼人格分裂，主張要將聲請簡易處刑判決轉換為通常程序，根本就是小題大作，電影看太多，浪費貴院時間！」

「是解離性身分障礙。」黃粱悠悠地糾正道，公訴人哼了一聲。

「辯護人，你聽到檢方的意見了。針對轉通常程序這件事，由於本案犯行事證明確，被告自己也都承認，因此本院認為並無必要，」法官頓了頓，「……但是，你主張的證據調查呢，基於本案的特殊狀況，本院不排斥給你時間做適度說明，只是必須在本次期日完成。這你自己看著辦。」法官接著說道：「辯護人聲請本案轉為通常程序，並無必要，本院予以駁回。」

公訴檢察官與法官所言，正中黃粱「圍魏救趙」之計。

法庭經驗豐富的黃粱早料到要讓積案如山、視結案如命的法官、檢察官，把原本一庭解決的簡易處刑程序轉為要耗時數月、甚至經年的通常程序，根本是緣木求魚。但他卻透過訴訟詰辯技巧與錨定效應的反向操作，成功讓法院同意給當事人一段完整時間，用來在急促的簡易處刑程序中充分對法官說明疾病的相關證據，以爭取最有利的判決結果。此外，相較於引用更戲劇化、令司法實務工作者難以想像的解離性身分障礙作為主張免責或減刑的依據，已經有確診醫療紀錄的思覺失調症，勢必在法官與檢方心中也成為更願意接受的證據。

既然當庭取得法官首肯，黃粱也就老實不客氣，開始不疾不徐地一一向法院舉證說明呂秀玉的病史：從呂秀玉十六歲遭遇車禍、出現嚴重腦傷起的醫療紀錄，逐一列舉出相關的第三方公正醫療院所與醫學中心所出具的紀錄，無論是診斷、病歷、ＣＴ圖、醫囑、精神病性藥物處方及住院護理紀錄等，一應俱全。

他甚至還在諸多醫療證據中，混入了自己的精神病理學教授陳宗正所出具的鑑定意見附結文——鑑定人以其執業三十年及國內最大醫學中心與教學醫院教授的身分判斷：呂秀玉同時罹患有因車禍所致器質性腦傷而造成的解離性身分障礙，及至二十歲中半則是又不幸出現了妄想型思覺失調的共病。

種種醫療證據雖然看似艱澀，但在黃粱猶如科普課程的生動解說下，在台上的審判長竟也自始至終視線須臾不離，甚至偶爾輕微點頭。黃粱觀察審判長的微表情，認為時機已成熟，便開口向法官聲請詢問被告呂秀玉。

「大律師，你方才的證據，我看說明得已經相當詳盡，還有必要詢問被告呂秀玉嗎？」法官一臉疑惑地說。呂秀玉的表情也是一臉疑惑，卻也不知黃粱這樣做的目的是為了什麼。

「謝謝庭上，」黃粱起身說道：「過去三十分鐘的說明，主要是為了讓鈞院對於被告罹患精神障礙以及該精神障礙的具體影響，能依照特別經驗法則得到一定程度的心證。」看法官點了點頭，黃粱接著說道：「但有關被告的品行與量刑因素，包括犯罪動機等《刑法》第五十七條所列的盤點事項，我想還是需要透過詢問被告的方式，讓鈞院有機會理解被告的狀況。」此時黃粱心裡懷的鬼胎，卻沒有人看得出來。

法官正想開口打斷，卻料黃粱及時一句，「畢竟，原本鈞院答應給我在本期日內有充足時間進行辯護，至今我也才花了三十分鐘；鈞院再給我十五分鐘詢問當事人，我想對本案有益無害，也符合鈞院在今天開庭時所諭示的程序正義原則，不是嗎？」

話及此，法官也不禁為之語塞：確實，黃粱解說證據所耗費的時間比自己想像的要來得短，自己對於被告的病情與本案的關係，也已經得到相當的心證，足以依照相關證據幫被告酌情減刑，那麼在程序面多個十五、二十分鐘，也還是比起自己原先預料的來得快了不少。想到本案即將結案，法官也不禁精神一振，說道：「可以，本院確實答應讓你在本期日內充分辯護。那就再給你十五分鐘。請辯護人善加利用時間。」

「謝謝庭上。」

「被告呂秀玉女士，請坐到中間證人席。」法官說道。

或許是呂秀玉臉上的忐忑不安之情，連法官也稍微感到同情了，遂溫和地解釋道：「呂女士，方才你的辯護律師已經把與你的病情有關的醫療證據都對本院提出，也解釋過了，本院大致上已經有所了解。接下來，你的律師應該是希望問你一些問題，以讓本院更理解你在本案中的狀況，你不用太緊張。」

呂秀玉怯生生地點點頭。

「呂秀玉女士，雖然你不是證人，不用具結，但既然是你的辯護律師在法庭上提問，本院還是請你盡量依照事實回答。」法官補充道。呂秀玉點了點頭。

「辯護人，把握時間。」法官對黃粱示意，可以開始詢問。

「謝謝庭上。」黃粱起身說道，隨即轉向證人席的呂秀玉。

「呂女士，接下來請教您幾個與本案相關的問題。請您依據記憶，盡力回答，對您有益無害。」黃粱一改原先和煦的笑臉，面無表情地對呂秀玉說道。

「好……好的。」呂秀玉以細如蚊鳴般的聲音說道。

「請大聲一點，這樣法院才聽得到。」黃粱的語氣多了一絲嚴厲。

「好……好的！」雖然聲音大了些，但呂秀玉看起來更膽怯了。

黃粱接著簡單問了幾個關於呂秀玉的背景，包括青少女時期出車禍與後續失憶症狀的問題，呂秀玉也一一作答。雖然聲音仍舊不是太大，但至少說話速度已較為流暢。

黃粱的詢問，時間已經過了將近十分鐘，就在包括呂秀玉在內的眾人以為這場例行公事的問話即將結束之際，他語鋒一轉。

「呂女士，你有個三歲的兒子，是嗎？」

「是的。」

「叫什麼名字？」

「林一真。」

「是照片中這個未成年人嗎？」黃粱右手舉起一張放大的照片，轉向法院，「庭上，請求提示被告之子的照片予被告辨認。」審判長看了一眼照片，頓了一下，表情似乎有些疑惑，但還是點了點頭。於是黃粱轉身，將照片舉向呂秀玉眼前。

那不是一般的兒童照片，是林一真面部紅腫、眼眶瘀血，以及左耳部位出現裂傷的照片。呂秀玉一見之下，張大了嘴，卻啞然失聲。

「這是你剛剛說的兒子，林一真嗎？」

「是……是的。」呂秀玉勉強回答，眼睛卻一直離不開照片。

「你知道照片上林一真的傷，是怎麼回事嗎？」

「我……我不知道。」呂秀玉的聲音逐漸細微。

「身為這孩子的母親，你不知道他臉上的傷及耳朵上的裂傷，是怎麼一回事嗎？」黃粱的語氣愈顯嚴厲。此時的黃粱，更像把被告當作敵性證人進行詰問的檢察官。

「我……我真的不記得了……不是，不是我……」

「沒有人說是你，」黃粱的語氣如冰，「但你這個母親是這樣照顧未成年人的嗎？兒子被誰虐待了，也不知道？」

「我……我沒有，我不是……我有照顧……但是我要打工……」呂秀玉的聲音近乎哀求。

法檯上的審判長與對面的檢察官至此，都是一臉大惑不解。

「你仔細看看林一真的臉頰，這高高腫起的紅腫、這眼眶下瘀血的部分，」黃粱不慌不忙，用手指逐一停頓，一一指給呂秀玉看，語氣已經近乎審訊逼供的警察。「看到嗎？你看到林一真左耳上方的裂傷嗎？」他的語氣越發嚴苛。

「你說你是他的母親，這個孩子你是怎麼照顧的？你知道是誰打的嗎？你有出來保護他嗎？」

黃粱一連串逼問，呂秀玉兩行淚珠已滾滾而下。

「我……我……不是……我有……」她啜泣答道，卻已不成聲。

法官見被告情緒激動，正想介入，黃粱卻不放過呂秀玉，繼續逼問：「你三歲的兒子在你小姑家，過得生不如死，你不知道嗎？生不如死！」一邊將小真滿臉是傷、血跡斑斑的照片推向呂秀玉面前，「什麼樣的母親會讓自己的親生孩子生不如死?!」

只見呂秀玉的啜泣之聲突然停止，原先抽動起伏的雙肩也不再顫抖，竟像是失了魂一般，沒有了反應。

「被告，你回答我！你的兒子生不如死，你知道嗎？」黃粱繼續追問。

「辯護人！」法官制止道。

就在此時，坐在證人台前的呂秀玉發出了低笑聲，但笑意中的憤怒，在場者都聽得出。

「我當然知道！要是靠呂秀玉那個蠢女人，孩子早就去掉半條命了！」一個粗糙、低頻的聲音說道。如果不是親眼目睹，很難相信這聲音出自呂秀玉口中。

「你是誰？你是呂秀玉嗎？」黃粱緊接著追問。

「不要把我跟那個膽小鬼相提並論！」呂秀玉答道，但聲音竟判若兩人，「我是Sybil！無論是做一個女人或者當一個媽媽，我都比呂秀玉好太多了！」

此時法庭之中，無論是法檯上的審判長，或者檢方席的公訴人，甚至在法庭後方旁聽的群眾，無不瞪大雙眼，難以置信自己所親見親聞。

證人台前坐著的這個人，確實是呂秀玉；但言談舉止乃至神情，各方面又確實與呂秀玉不同。

「你說你不是呂秀玉，而是Sybil，這是什麼意思？我們怎麼知道你不是呂秀玉本人在演戲騙人？」黃粱問道。

這正是審判長與公訴人心裡同時浮現的念頭：詐病？

大多數的司法實務工作者，在接觸案件中涉及精神障礙的最初反應，幾乎都是「這個人是不是為了脫罪而裝病」。既然黃粱問出了審、檢想問的問題，審判長也就樂得讓他繼續問下去。

「呂秀玉就是個膽小鬼：不敢追求自己的人生；不敢為自己挺身而出；生了小孩，連保護自己的小孩也不敢！整天就會哭跟裝可憐。」說到這裡，呂秀玉起身瞪大雙眼，環顧庭內的審、檢、辯，「你們這些人覺得她跟我有哪一點相像？」氣勢逼人，連法警都稍微緊張了一下。

「確實，我看你們兩個不太像。但還是不能排除你所謂的Sybil是呂秀玉裝出來的，說不定你演技高超。」黃粱悠悠地說。

「演技？」Sybil斜睨黃粱一眼，不屑地笑了。「那就讓我來告訴你們，呂秀玉她說失憶的那些時間，我過著什麼樣的人生。」

於是Sybil開始細細地訴說她每一次「出現」期間，是如何地度過截然不同的人生，包括：

如何運用呂秀玉的身體與原始本錢，打工換取金錢報酬，用化名與現金租屋，在不同的男性、女性關係間遊走，如何涉賭、欠債，且用呂秀玉名義簽立本票，如何懷孕又墮胎……等經歷。除了人、事、時、地、物俱全外，時間軸也與呂秀玉失憶的區間一致。

在Sybil陳述將近半個小時結束後，法庭上一片沉默。Sybil說道：「怎麼樣？還有什麼懷疑的嗎？除了可以去查我剛剛講的那些細節、人名之外，我還可以讓你們看一樣東西。」

「看什麼？」黃粱問道。

「我剛剛說我跟一個年輕的條通刺青師傅交往過，感情好的時候，曾經讓她給我留下一個特殊的印記，」Sybil說道：「我的私處有一個很小的刺青，上面有我和她的名字。」法庭上一片騷動。「如何，要看嗎？我可是不介意。」Sybil大聲說道，就要解褲子。

「被告！這裡是法庭，就算要勘驗，也要本院同意！你先坐好，不要動！」審判長急道：「辯護人，你問夠了吧？」法官轉向黃粱。

「庭上，為了驗證被告方才所說屬實，請求鈞院勘驗被告身體特徵，並製作勘驗筆錄附卷。」黃粱笑笑地說道。

法官轉向檢察席，「檢方意見？」

公訴人面有難色地說道：「這……貴院要勘就勘吧，都已經講成這樣了……」

審判長似乎下了決心，說道：「休庭二十分鐘！由本院安排適當處所，由女性法警陪同，進行勘驗，並由書記官製作勘驗筆錄。」

休庭半小時後，法警至律師休息室通知重新開庭。

黃粱剛在辯護人席重新坐定，一眼就看見書記官剛剛上傳的勘驗筆錄稿，顯現在法庭的電腦螢幕上。上面寫了：「……被告呂秀玉（在庭自稱Sybil）之生殖器右側外陰戶旁，有1.5×1.5公分見方的心形藍色墨水刺青一處，在心形刺青內側以同色墨水刺有英文Sybil×Karen字樣……」心下已然有底。

等法官入庭，眾人行禮完畢坐定後，法官隨即開口：「方才本院認有必要進行對被告身體特徵進行勘驗，勘驗所得結果已經做成勘驗筆錄草稿，現在顯現在電腦螢幕上。請問檢、辯雙方有何意見？檢察官？」

「沒有意見。」

「辯護人？」

「沒有意見。」

「好，檢、辯雙方均無意見，那經過調查後的勘驗筆錄就附卷作為本案證據，」法官緩緩說道：「檢、辯雙方有無其他證據請求調查？」

「沒有。」

「沒有，庭上。」

法官白了辯護人一眼，「辯護人，你應該沒有其他問題，可以辯論了吧？」

「謝謝庭上，隨時可以。」黃粱仍然一派輕鬆地答道。畢竟他在本案最大的目的，已經透過最終的當事人詢問達成。

「開始辯論。請檢方論告。」

公訴人呆了半晌，似乎在尋思要不要說點其他的話，但或許找不到切入點，最後顯然放棄了，只說了一句：「本案事證明確，請貴院依簡易處刑聲請書科刑。」

「辯護人？」

「謝謝庭上，」黃粱起身說道：「方才多謝庭上已經讓我們有充足機會就本案相關醫學證據一一予以說明。顯然被告呂秀玉曾經因為嚴重車禍受有腦傷，後來出現失憶症狀，近年來又罹患思覺失調症等精神障礙，已經是審、檢、辯三方的共識。」黃粱說到這，特別停頓一下，看了檢方一眼；公訴人則是毫無反應。

坐在自己身旁的被告呂秀玉，此時表情是一臉空白，看不出來究竟是何種狀態。或者該說，是哪一個人格主控。

於是黃粱接著說：「因此，本案最大的疑問只剩：被告是否確實罹患解離性身分障礙，以致在另一強勢人格Sybil控制狀態下，對被害人犯下傷害與毀損之罪？」

黃粱頓了一頓，「這個問題，我們透過方才的當事人詢問，以及法院實際依被告的替代人格Sybil在庭陳述內容所進行的勘驗，應該已經得到肯定的結論：被告呂秀玉確實罹患解離性身分障礙，這一點，與醫學專家陳宗正教授的鑑定意見一致；而被告呂秀玉的身體上，也確實存在替代人格Sybil控制下所進行的刺青。我們可以肯定：在解離性身分障礙發病時，替代人格的影響確實可能控制軀體，做出主要人格完全無法知覺、記憶，甚至控制的行為。被告呂秀玉，不，Sybil身上的刺青，就是最好的證據。」

黃粱戲劇性地停頓數秒之後，接著說：「有鑑於本案被告呂秀玉並非在自己所能控制的範圍下，自願對被害人實施傷害與毀損犯行；再加上證據顯示，呂秀玉身上的替代人格Sybil會被誘發出來，顯然與被害人對被告之子實施之凌虐犯行有關，因此辯方謹請鈞院考慮上開疾病、動機，以及情堪憫恕的因素，對被告量處最輕之刑，並給予緩刑一年以下之自新機會。」

語畢，黃粱對審判席微微一鞠躬，坐了下來。

他技巧地避開了法院的地雷，也就是轉通常程序的繁瑣，透過證明解離人格的存在，從《刑法》第五十九條「情堪憫恕」切入，也封死了檢方上訴的機會。只要法院給了緩刑，本案呂秀玉實質上便可以說等同不用受罰。

審判席上的法官點了點頭，「本案辯論終結，定四月六日宣判。退庭！」之後對被告說：「呂女士……還是Sybil？現在我也不太確定……總之，判決書會寄給你，你可以不用來聽判。」審判長竟然露出微笑。

黃粱說：「了解，我會跟當事人解釋。謝謝庭上。」便與呂秀玉離開了法庭，在庭外與呂母碰頭。四月六日宣判，那是距今兩週左右了。

審判長看著兩人離開法庭的背影，只見庭外，呂秀玉的母親似乎在黃粱耳邊講了幾句話，黃粱笑了。她不禁輕輕搖搖頭，「當法官審判這麼久，還是第一次遇到這種事……這個辯護人也真是……」顯然法官心中對於該怎麼判已經有了決定。至於這個辯護人真是……如何？那就不得而知了。

"...Looking back on how it was
In years gone by
And the good time that I had
Makes today seem rather sad
So much has changed..."

大賣場裡，呂秀玉一邊推著清潔車，隨手整理拾掇，一邊戴著MP3播放器的耳機，聽著她最愛的〈往日重現〉（Yesterday Once More），一次又一次。木匠兄妹主唱凱倫·卡本特幽幽的聲線令她為之神往，這首歌曲總是能觸及她心底深處。

後來她聽說，自己失去記憶的那些期間，其實都過著精采的生活——或許跟自己現在的個性不太適配，甚至荒誕不經，但聽說確實很精采——至少黃律師是這麼說的，也沒有任何諷刺之意。這或許也算是可以證明自己活過的證據吧。

上週五剛收到的判決，一如黃粱所預料。法院依照檢察官簡易判決處刑的聲請判處呂秀玉傷害與毀損成罪，但刑度卻大出她意外：「傷害罪處拘役四十日，毀損罪處拘役十日，合併定執行刑拘役四十日，減刑兩次後為拘役十日；緩刑一年。」這意思大致上是說：只要呂秀玉在接下來一年內不故意犯有期徒刑以上之罪，緩刑期滿時，原本傷害與毀損的罪刑宣告就會消滅。此外，由於這是簡易處刑案件，因此檢方也不得上訴。案件等於是確定了。

嚴格說來，這樣的結果，在實際層面跟呂秀玉獲判無罪其實已經沒什麼兩樣——連易科罰金都免了。同時，今後也不用再擔心林美玲的問題。阿田說，美玲因為本案判決結果以及對於Sybil的恐懼，從此不願再見到呂秀玉或小真，已經主動搬離家中，甚至不願告知聯絡方式。

想到這裡，呂秀玉不禁微微露出了笑容。看來真的要感謝黃粱律師精湛的辯護技巧，還有豐富的司法心理學知識，讓自己可以重獲公平，又擺脫了林美玲。

「秀玉姐！可以拜託你過來一下嗎？客人打翻東西了～」是玉萍的聲音，呂秀玉連忙收起臉上的笑容，推著清潔車過去。

伴隨著凱倫．卡本特的歌聲在耳邊，呂秀玉想把自己私處的刺青，那些與Karen一起的甜蜜往日時光再次浮現腦海；嘴邊仍掩不住輕漾的笑意，腳步也不自覺輕快許多。

「晚上帶隻烤雞回去給Karen吃吧？要不是她幫忙帶小真去驗傷，把照片提供給黃律師用，又鼓勵黃律師直接在法庭上問我，搞不好這次也過不了關……」Sybil的念頭，已經飄向今晚的家裡。

刑法第五十七條

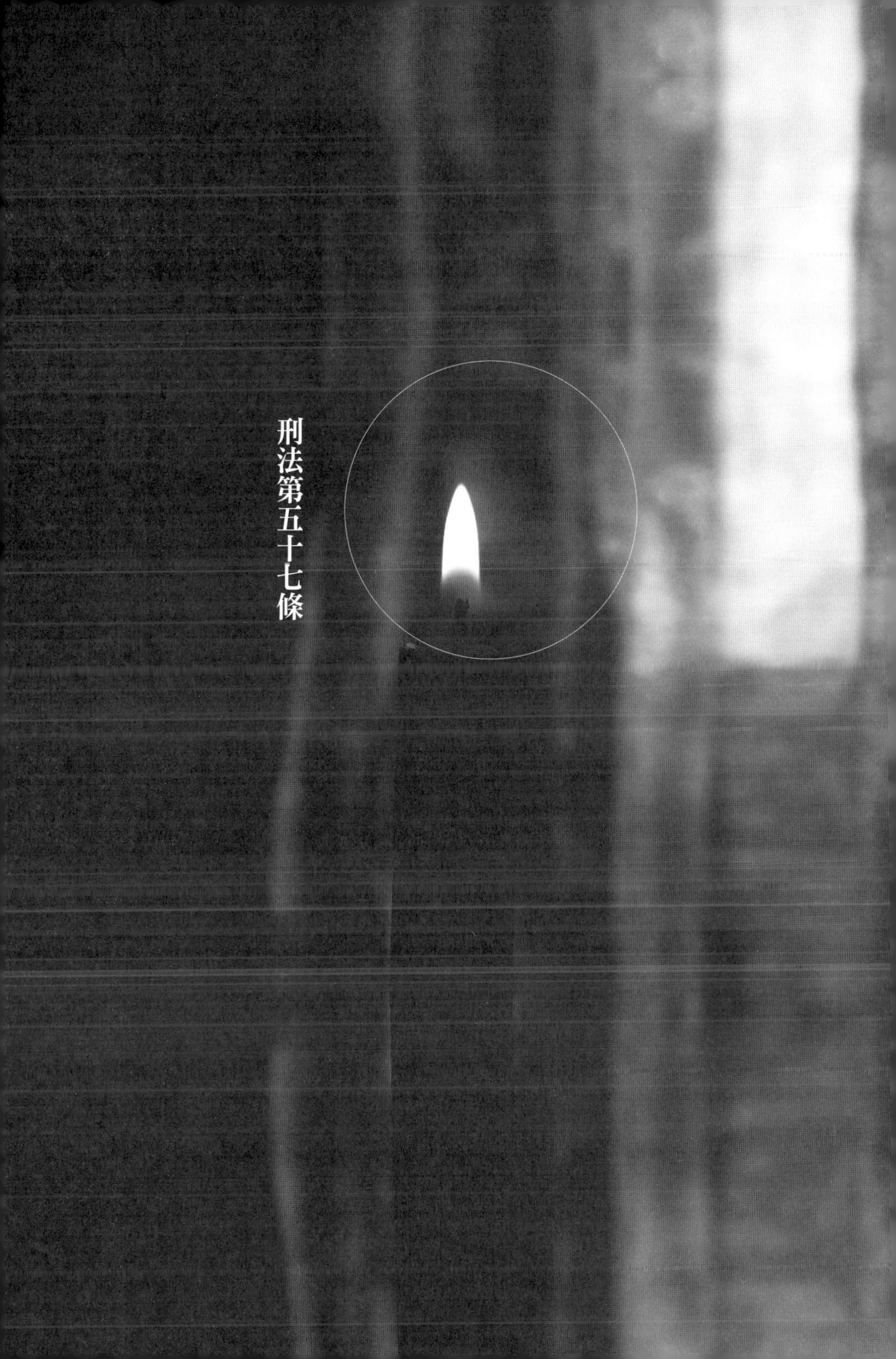

刑法第五十七條

連出左刺拳、右直拳，露出左臉空檔誘敵後，他眼角餘光瞥見對方右肩上聳，心知右勾拳即將隨之猛擊而入，於是搶先踏出左腳矮身往左前滑步，讓右勾拳從頭上掠過，乘機鑽入對方右翼下空檔；時機之巧，看來竟像是雙方事先套好招的演示動作。

此時他自左足尖發力扭動腰身，一個左勾拳擊中對方右肋；但對方實戰經驗不俗，右肋雖然挨了一記，身體卻也藉著挨打收縮的力道，立刻將打出去的右勾拳轉成肘擊姿勢高舉，同時右膝彈起，企圖上下合擊他的腹背。

不過，把已經全力擊出的右勾拳舉起後再以肘部高處下擊，動作上略屬多餘，而已被黃粱左勾拳破壞身體平衡的軀幹，縱使彈起右膝企圖對黃粱的腹部進行膝撞，也已失去先機。

在對方的上下合擊到位前，黃粱已沿著原本往左前方滑動的弧形，將重心移往左腳，身體再往左前方滑動，呈現自己右側身半貼住對手右後側背的狀態。隨著對手上下合擊落空，他的右手擒抱住對手腹側，伸出右腳卡在對手雙腳重心足後側，以腰部為支點，用了浮腰式將對手往後推落。對手頓時失去重心，身軀騰空，雙足離地。

「停！」教練的語音響起時，對手的身軀已因失去重心加上黃粱用力下推，而重重落地，撞擊吸震地墊，戴著護具的後腦也隨之撞在墊上，發出「砰」一聲悶響。

在教練喊停後，黃粱並未追擊，只是抱持殘心，靜靜地以左膝輕輕壓制對手的右臂，自己的右肘則是保持壓制對手的喉部，同時預防反擊的姿態。

教練揮動雙手，做出結束的姿勢，「可以起來了。」黃粱這才從壓制姿態起身，隨後右手拉起在地墊上的對練夥伴，並向對方注目鞠躬，行禮致謝。

他轉身，默默擦著汗，一邊調整呼吸，走到伸展墊區域，一邊卸除護具，開始緩和伸展與靜坐調息。喜悅、得意之類的情緒，在他身上完全看不出來，因為那本不是黃粱訓練的目的。

之所以回到格鬥練習場進行搏擊訓練，是為了讓自己被各種雜役所拘囿的身心，可以得到一絲清空歸零的機會。只是沒想到：隨著練習結束，開始進行伸展，黃粱腦中竟又浮現了那少年的臉。

那是一張十四歲的面龐；原本應無憂無慮的臉，現在卻承載了無限重量。

他的父親，被控性侵並殺害了他的母親。

●●●

軀體已經微沁出汗珠的她，在以口協助丈夫後，隨即習慣性地坐上已轉為躺姿的丈夫身上。用手將丈夫納入體內後，她冒著汗的軀體開始在上微微地前後晃動。隨著幅度加大，她將他的面孔緊按在自己胸前，感受到他笨拙的舌——至少可以不用看見他的臉。兩人的鼻息，也隨著相互動作，越發粗濁。

這不是過去她跟丈夫在一起時所慣用的互動方式。她當然也沒有說出口。光想到他笨拙、黝黑的面容形貌，還有家裡的小孩、學校這些瑣事，就令她無限煩躁不耐。

她是結了婚之後，才真心理解到自己並不適合婚姻與家庭。錯就錯在，當初家人誤以為夫家也算地方上受到尊重的門戶，應該可以過著無憂無慮的生活，便不斷施壓逼婚，自己也未多作堅持。誰知，夫家竟跟丈夫一樣，之所以受到尊重，只不過因為處事溫和、樸實，待人和藹，並非因為家有恆產或勢力，可以在地方上呼風喚雨。更糟的是，夫家的環境一如面目扁平的丈夫一般，平淡至極，毫無樂趣；什麼也沒能給她，什麼也沒能滿足她。

但她終究是犯了許多踏入婚家者慣犯的毛病，以為感情關係本質的歧異可以用婚姻來弭平，更以為婚家的裂縫可以用孩子來填補。大錯特錯——她終於理解到：大錯特錯；但那已經是為駱家生了一男一女之後的事了。

她根本不喜歡小孩，也沒有想要過小孩；尤其那個小的——黝黑的外衣，看似溫和的外貌下藏著固執的脾性，就如同那張顴骨與下巴骨特別明顯的圓臉，不知怎麼就是讓自己格外厭恨。是因為長得特別像丈夫嗎？「為你們駱家生的。」她厭厭地想著；覺察到現在在自己體內的是丈夫，令她的憤恨之情再次湧上心頭。「為你們駱家生了一男一女，難道我做得還不夠？」隨著忿不平的情緒，她加劇了下身的搖晃動作，更用力地將丈夫的頭壓在自己的雙乳之間，不去理會他能否呼吸、感覺如何，只希望丈夫趕快了事。

隨著下身搖晃越發劇烈，她全然無視丈夫的喘息，以及讓她慢一點的哀求。由忿忿不平轉為不屑的她，嘴上隨口發出應付的嗯嗯聲，下身擺動的幅度與頻率卻愈來愈劇烈。「這是他最愛的姿勢，你連他一半都不如。憑什麼碰我！」隨著心念，她雙腿用力鉗住他的下背，手指狠狠抓著他後腦的頭髮，身體用力收縮。

他大叫一聲後頓時癱軟，雙手環抱她的軀體，在她懷中不斷喘氣。心裡雖然有少許不解，但他臉上卻微泛起笑容，也不去管後腦頭髮被她用力拉扯的疼痛。他滿心以為：她最後那一下是因為與自己一起到達了頂點，而用力拉扯是愛的表徵。

這質樸的丈夫霎時間仍未能理解：過去房中一貫保守、冷淡，甚至交差了事的她，何以這一次互動方式與過往全然不同；還沾沾自喜地以為這次自己北上作勢談判離婚的任務，有機會喜劇收場，給孩子們帶回媽媽。他當然無從得知，自己的太太已經以一貫跟男友做愛的體位，直接地表現出對他最大限度否定的心意。

「孩子們可以有個完整的家庭，不要離婚還是比較好……過去就算了，以後不管怎麼嫌我，我再盡量努力看看……」他癱軟在地，心裡略帶滿足地這樣想，頓時對自己今天早上與妻子爭執外遇與要求離婚的強硬語氣，感到有點愧疚。

「那個……阿君……還舒服嗎？」他剛開口小小聲地問道，妻子已從他身上逕自抽身站起，一邊拿衛生紙揩著下身，走向浴室，全無要搭理或回話之意。

他以為自己聲量太小，她沒聽見，又或者是不好意思回答；於是也不介意，緩緩坐起身，一面清理自己。之後一陣倦意襲來，想著或許今晚可以跟許久未曾同床的妻子同寢，培養一下感情，明早商量一下讓妻子搬回家裡的事。

床頭桌上「叮咚」聲響起，妻子的手機螢幕同時亮起。是一則圖片訊息，預覽圖片中，勃起的男性性徵赫然入目。緊接著又是一聲「叮咚」，文字訊息預覽顯示：「給你愛吃的。什麼時候過來？」兩則訊息來自同一人，顯示「親親老公」的名稱。

他心頭頓時一涼，直沉到底。拿起了妻子的手機，走向浴室，開始用力敲起浴室的門。一下又一下；他心中的憤怒與絕望，無可名狀。

浴室門「轟」一聲地打開，只裹著一條浴巾，全身濕答答的妻子明顯帶著怒氣與不耐的聲音大吼：「敲敲敲，你敲什麼敲啊！」目光一轉，「你拿我的手機幹麼啦！」

他再也按捺不住，雙眼已因淚而模糊，拿著手機的右手卻直接往妻子的腦門敲下，左腳順勢往浴室內踩進一步。

今天的黃粱，以日常的牛仔褲、T恤便裝取代原本不得不穿的西裝，隻身前往被告的原生家庭所在地調查證據。雖說是證據調查，但由於不是事發第一現場，因此主要的工作就是訪談相關人等，了解案情背後的來龍去脈，查證被告在事發前的平時狀況，是否真的如其所述。

調查證據這件事，基本上與黃粱身為辯護人是否「相信」被告與否無關。他從來不覺得律師有決定「相信」當事人與否的那種奢侈權利；更何況，相信與否，與竭力辦案之間並無、也不應該有關聯。唯有脫離信念的漩渦，才有追求證據與事實的空間；也才能不被自己的偏見侷限眼界與思緒。

至少黃粱向來是這樣想的。

被告的原生家庭位於中部一個農業行政區的小鎮，距黃粱的事務所約一小時高鐵、外加十五分鐘左右計程車車程的距離。出了高鐵站，上了排班計程車後，放眼所及處盡是一片金色稻海。很快地，車輛就從出站後的主要道路轉入略微狹窄的農業用道，車行速度也隨之略慢，但黃粱的心思卻慢不下來，飛快地在本案卷證當中打轉。

這次調查證據，主要是為了進行與被告有關的量刑證據調查，而非單純的犯罪事實證據調查。之所以說是以量刑背景調查為主，主要是因為：本案來到黃粱手上時，已是一審判決後的事。當時，被告已經遭一審法院依檢方起訴的強制性交結合凌虐殺人罪名，判處死刑。換句話說，一審法院可以說是了無懸念地接納了檢方起訴主張的案情推測：被告因被害人外遇懷恨在心，因而對時已懷胎的被害人在兩天的時間內加以凌虐，過程中並予強制性交，最後則是以殺人故意持鈍器毆擊被害人頭部致死。基於前述認知，一審法院依照檢方所請，對被告科以死刑。

「被告……泯滅人性，毫無教化之可能。」一審法院科處死刑的判決之中，有句話是這麼寫的——雖然法院始終未曾解釋何謂「教化之可能」，對於種種對被告有利的證據，也猶如視而未見，又或者未予調查。

說一審法院對有利被告的證據「視而未見、未予調查」，這話若出自辯護人之口，有時會被認為是辯護人對法院判決結果不滿，而在媒體上發動的攻擊辭令。不過，姑且不論黃粱對媒體的避忌，如若第三人有機會仔細檢視本案偵查與一審卷內的各項客觀證據及相關審理筆錄，也理解法院在《刑事訴訟法》規範下理應做些什麼，大概就不會認為上述說法太過。畢竟，光是黃粱接下案件時，掃過卷宗與審判筆錄，所扼要列出來對被告的有利證據就有：

去氧核醣核酸（DNA）鑑定報告指出被害人確實懷有第三人的胎兒；被告過往確經精神專科醫師診斷有解離症病史與相關病歷紀錄；消防救護中心的電話錄音顯示被告致電求救時，除了情緒激動、慌亂外，期間十餘分鐘也依照救護人員的電話指示，對被害人持續施以心肺復甦術，直到救護人員抵達接手；被告在對被害人施虐的過程中，似乎確曾因情緒崩潰而致電給自己的胞妹，詢問自己面對被害人坦承外遇又拒絕離婚該如何處理等對話；甚至也有被害人生前行動電話的通話紀錄所示，與當時交往之男性（疑為胎兒之生父）往來訊息……等紀錄，都是卷內很難錯過，對被告有利的具體證據。但一審法院若非存而不論，便是逐一以無可信度加以駁斥。

此外，以犯罪手法而言，由法醫研究所出具的官方報告也指出：被害者身上的傷痕，幾乎絕大多數都是遭人以開掌搧打（open palm slapping）身體各部位所造成的淺層皮下出血。被害人真正的間接死因，應該是次日午前由被告以鈍器擊打頭部所造成的腦部蜘蛛膜下腔血腫，最終導致心臟休克的死亡結果。

對於嫻熟司法心理學與犯罪剖繪實務的專家而言，上述種種客觀證據與法醫學證據彙整起來，可能推得以下結論：相驗報告所顯示的施暴行為模式，與檢方所主張的冷血預謀綑綁—施虐—殺人（premeditated binding-torturing-killing; BTK）一類，以控制與奪取生命為主要目的的犯罪手法（*modus operandi*），並不相符；與其於情緒憤怒和挫折，顯然出自於羞辱及懲戒目的的私刑式（lynching）暴力傷害手法，吻合程度較高。

簡言之，前者往往代表加害人一開始就打算剝奪被害者的生命，凌虐只是讓加害者有機會冷血地享受愉悅的過程，反映出狩獵者心態（predatory mindset）；而後者，則是純以羞辱（shaming）為主要目的，重點在發洩自己因為被剝奪感（sense of deprivation）所生的憤怒，而與奪取被害人的生命無涉。前後兩者的殺意與惡行，在內行人眼中，尤其是《刑法》評價犯罪行為的領域裡，可以說是天差地別。

如果上述證據可以透過辯護人在法庭內強力主張，或者經由法院依法為被告進行有利調查（其實也就是把既存的證據拿到法庭上來一一討論而已），那麼本案一審的焦點，理應會聚焦於被告的犯行究竟構成何種罪名的討論：是過失傷害致人於死的一罪加重結果犯？還是過失傷害致死加上強制性交的兩罪？抑或如檢方起訴主張的，強制性交後凌虐故意殺被害人？

審理中，當然也必須由檢、辯雙方針對本案被告施暴時的主觀犯罪意圖，究竟屬於殺人的「不確定故意」，或者屬於「傷害故意」的無認識加重結果，進行辯論。

不過，上述證據及法律的相關辯論，在一審的審判筆錄與卷證內，幾乎付之闕如。顯然審、檢、辯三方無視於被告宣稱自己從無殺意的主張以及其他證據，始終將討論聚焦於認罪後的量刑。

根據被告在黃粱接下二審後律見時的說法：一審辯護人竟是從接案後，便不斷說服他認罪，說是這樣可以展現被告的悔意，並說服法院科處死刑以外的刑度。

聽到這裡，黃粱面上不動聲色，但心裡還是嘆了口氣。畢竟無心或無能的辯護人，比起偏執無見的法官、操切求功的檢察官而言，其害往往更有過之而無不及。

此時，計程車已緩緩停在一排老舊三樓透天連棟建築的邊戶前；西曬的陽光灑落屋前，照在已破損的二丁掛磁磚上，反射出些許餘光。路上除了農會建築附近的小販三三兩兩之外，並無太多人往來行走。

「先生，到了，這裡就是你給的地址。」計程車駕駛說。

黃粱付了錢後，甫開門，一股熱氣伴隨日光迎面襲來，竟略生窒息之感。定了定神之後，黃粱再次確認地址無誤，便在未上鎖的門廳鐵捲門上拍了拍。

「你好，請問是駱家嗎？我是黃粱，黃律師。」

「律師叔叔好！」年僅十四歲，就讀國中二年級的少年以超乎年紀的成熟與禮貌，在進門後首先打了招呼，甚至還微微鞠了個躬。小他幾歲，小四的妹妹則是精靈地繞前繞後，好奇地觀察著黃粱，黑黝黝的臉龐上，精靈的大眼透露出堅毅的神情。

黃粱溫和地回了禮，請孩子們先去洗手、放書包，並休息一下或吃點點心之後，再來訪談。國二的少年放學後需要吃點點心，是很正常的事，天大的事也不用急於一時。

但少年放下書包，洗完手後，一逕在黃粱對面坐定，顯然急著想知道爸爸目前的狀況。

「你好，我是爸爸的辯護人，黃粱叔叔。可以請問你的名字嗎？」黃粱來之前已經做過基本調查，當然知道被告長子的名字；這只是在對未成年人進行會談時，建立信賴的基本方法。

「黃律師叔叔你好，我是駱宏謹。」明明在自己家裡，少年卻雙膝併攏，手放膝上，恭敬地答覆黃粱。這讓他相當不習慣。孩子，不是本來應該自由、開放，無拘無束的嗎？

「宏謹你好。我是爸爸的辯護人，意思就是，在刑事法庭當中，我要為他提出有利的證據跟法律理論，打擊檢察官的說法，以及在有罪量刑時，為爸爸求情。」講到這裡，黃粱頓了一下，「你知道爸爸目前面對的狀況嗎？」

年僅十四歲的少年遲疑一下，搖了搖頭。坐在他身旁的妹妹雖然坐姿不如少年拘謹，但眼中隱含淚光。

該怎麼講出口？行前心中再多的預演，到了兩個孩子面前都化為徒勞。

黃粱暗暗吸了一口氣，下定決心。「爸爸被檢察官起訴，說他對媽媽強制性交，之後殺害了媽媽。」趁著自己幾乎感到疼痛而住口前，又補了一句：「檢察官，就是代表國家偵查犯罪與提告的人。而強制性交，」黃粱接著說：「就是在對方不願意的狀況下，強迫對方發生性行為。」

「換句話說，檢察官代表國家對爸爸提告，認為爸爸凌虐媽媽，然後違反媽媽的意願進行性行為，最後，」面無表情的黃粱幾乎要說不下去，「殺害了媽媽。」

出乎黃粱意外，少年與女孩並未露出任何猶豫或驚慌的表情。於是黃粱繼續說道：「目前一審法院傾向同意檢察官的說法，認為爸爸做了這些事，因此判了爸爸無期徒刑；告訴人與公訴檢察官不滿意，希望二審法院判死刑。」

告訴人，其實就是被害者的家屬：少年的外祖父母與母舅。證據顯示，被告與被害人的原生家庭之間，似乎從這段婚姻伊始就處得不好。雖然被告似乎總是耐心以對，也定期問候、請丈家吃飯，但被害人的原生家庭看似總覺得屬於在地命理世家的被告家「沒有出息」。

說出「判死刑」這句話的時候，黃粱確實因為自己詞彙的有限，內心感到羞愧難當。問題是，他也不知道有什麼更好的表達方式，去跟一個十四歲的少年說檢方希望求處他父親死刑這件事。

少年還是沒有露出任何動搖的表情；妹妹也還是一臉堅毅之色，但可以看出來已經是咬著下唇強忍。黃粱繼續說：「但是我看了卷宗內所有的證據，也做了一些基礎調查。以下是我的想法：我認為確實沒有任何證據可以證明爸爸性侵害媽媽這件事，也沒有證據可以證明你爸爸故意殺害了媽媽。」黃粱頓了一下，「相反地，我認為有相當的證據可以證明，爸爸當時雖然在盛怒之下打了媽媽，但他並沒有殺意。」

少年仍默不作聲；坐在他身旁的妹妹，黝黑的臉上則是出現一派反抗的神氣。

「所以叔叔今天來，除了希望解釋這件事情給你們聽，準備回答你們所有的問題之外，」黃粱喝了口水，緩和自己的口乾舌燥，「也希望請教你們一些問題，進一步了解爸爸與媽媽是怎麼樣的人、他們平常的相處方式，以及還有哪些你們確實知道的事。」

「我知道媽媽在外面有男朋友，也知道媽媽有跟別人懷孕、拿過孩子。」少年以鎮靜的表情，從秀氣的口中說出了這樣的話。在一旁聆聽的妹妹只是靜靜地點了點頭，但黃粱內心之震驚難以想像。

雖然卷內的DNA鑑定報告證據確實支持這樣的結論，但由一個十四歲少年之口，在妹妹眼前，說出自己母親的行止，黃粱不禁感到一陣心酸與震驚。

但他仍然面無表情地說道：「就算是這樣，不管先前發生什麼，還是不能成為一個人傷害另外一個人的理由。爸爸這樣的行為，在法律的判斷下，恐怕還是需要受到懲罰的。」

少年點了點頭，「我知道。但我真的覺得爸爸不應該被判死刑，也不應該被判無期徒刑。」妹妹又跟著點了點頭。

「他對我們一直都很好，」少年接著說道：「很照顧我們，努力工作，脾氣很好，從來不打、不罵，都是跟我們講道理。」

「對媽媽呢？」

「也差不多，」少年說：「更何況，媽媽一直是比較強勢、比較凶的那一個。」

或許是少年的話挑動了某根心弦，妹妹突然怒氣勃發，打斷兩人的對話。「我媽媽，她用刀子割我！我沒有做錯事，沒有做什麼，根本不知道發生什麼事，她在我兩腿割下去！」小小的身軀中蘊含著強大的憤怒，眼眶中滿盈淚水，面容滿是倔強。

黃粱掩不住心中驚愕，望向少年。少年點了點頭，接著說：「嗯，媽媽不知道是因為吃早餐的事不高興還是怎麼樣，用刀在妹妹兩邊大腿上分別割下了十元銅板大的一塊皮膚，妹妹一直哭……就算這樣，爸爸也沒有對媽媽動過手，只是一直勸她，講道理……」自始至終，表情竟是毫不動容。

或許是黃粱複雜的表情終究洩漏了什麼，少年突然看著他說：「律師叔叔，我爸爸真的不是壞人。我不覺得他會故意殺人，或者性侵媽媽。」

黃粱苦笑。

「抱歉，叔叔只是個律師，我不認識你爸爸或媽媽，沒有能力去選擇要相信或不相信誰；叔叔只能相信證據，」吸了口氣，他繼續說道：「但根據證據，我認為不能證明你爸爸有性侵害犯罪，也無法證明他有殺人的故意。這是為什麼我要來找你們談話，」他頓了頓，「因為我想了解爸爸平常是怎樣的人，媽媽又是怎樣的人，他們在平常的生活是什麼樣子的，這樣我才能設法轉達給法官知道，看能不能讓法官們做出更合理的決定，而不是動不動就判死刑、無期徒刑。」

黃粱猶豫了一下，終於說道：「這樣的概念，規定在《刑法》第五十七條裡面。」

少年說：「那我們可以寫信給法官，告訴他們有關《刑法》五十七條的事嗎？」

妹妹也點了點頭，淚猶未乾。

「可以的，如果你們能告訴法官該怎麼用《刑法》五十七條，那就太好了。」黃粱深吸了一口氣。

「拜託你們了。」黃粱說道，同時站起身來，打算結束這一次的造訪。

少年突然抬起了頭，「律師叔叔，你有時間嗎？我想請你教我《刑法》五十七條的事。」

已經起身的黃粱看著少年的臉龐，以及他緊握著妹妹的手；兩個孩子的祖母無助地坐在內室的門口，以一種不遠又不近的距離看著他們在客廳的談話，似懂非懂，卻也不知該從何處著手幫忙。

黃粱微微點了點頭，「請坐，」他以和緩的語氣說道：「讓我解釋給你聽。如果過程中你有聽不懂的，多半是我講得不夠清楚，你再跟叔叔說，我會解釋到你懂為止。」

少年似乎放下心上的一塊大石般，點了點頭，連忙從身旁的書包中抽出鉛筆盒與筆記本，坐了下來。

「庭上，《刑法》第五十七條明定：科刑時應以行為人之責任為基礎，並審酌一切情狀，尤應注意下列事項，為科刑輕重之標準：

犯罪之動機、目的。

犯罪時所受之刺激。

犯罪之手段。

犯罪行為人之生活狀況。

犯罪行為人之品行。

犯罪行為人之智識程度。

犯罪行為人與被害人之關係。

犯罪行為人違反義務之程度。

犯罪所生之危險或損害。

犯罪後之態度……」

「哎，我說大~律~師~！法條我們都很熟，又不是大一法律系，讓你科刑辯論，就不用浪費時間唸法條、引判決了好嗎？」黃粱語聲未落，法檯上不耐的聲音已經從審判長肥厚的雙唇之間傳來。無論是法官或檢察官，在偵查或審理實務上不乏以刻意拖長律師稱謂的語調，來表示對律師的揶揄或不耐；某程度也顯示在本國法庭內，審、檢與辯方的地位似乎從未平等過。

「是嗎，庭上？法條很熟，只是不知道，鈞院審案的時候有沒有在用？」黃粱冷冷地回答。

「辯護人，你說什麼？」法官身體前傾，音量明顯提高，尖銳的聲調似乎宣告著審判者無法置信黃粱會以如此直接的方式，回應法庭的揶揄。

「我在審判中依法聲請調查對被告有利的證據，鈞院拒絕調查，也沒說明理由；請鈞院下裁定，也不裁。審理與論罪辯論時，我不斷主張本案無證據支持檢方提起的強制性交部分公訴，甚至卷內也有證據可證明被告犯行時並無殺人故意的可能性更高，請鈞院依據罪疑為輕的基本原則變更起訴法條，鈞院也置若罔聞。」黃粱一邊微笑，一邊好整以暇地喝了口水，看了看瞬間凍結的書記官。「那都沒關係。現在鈞院無視我先前傳喚被告子女以證人身分到庭提供證詞的要求，直接要我進行科刑辯論，正當我依照最高法院判決意旨希望逐條盤點《刑法》五十七條的各款因子之時，鈞院又催我不要講法律。照這樣看起來，鈞院真的有打算在量刑時審酌《刑法》第五十七條嗎？」

黃粱連珠砲般說完，雖然始終看似略帶微笑，語調平鋪直敘，但語氣如冰。

《刑法》第五十七條，理論上，一般是審、檢、辯三方在針對被告進行科刑時，進行逐款因子盤點與辯論的重中之重。

但在這個國家，也就僅止於理論上。

在司法實務的世界裡，部分刑事庭法官由於積案過重，往往會透過所謂「合併辯論」手法壓縮審理時間，讓檢、辯雙方僅利用某次庭期中的短短一段時間，就針對「被告有無犯罪」、「構成何種罪名」及「應該如何科刑」等三件事，一次講完。過程中也不乏屢屢催促，要求辯護人「書狀寫過就不要講了」。

像這類「合併」辯論，其實通常既不會「辯」，也沒有「論」。對公訴擔當的檢方而言，由於大多數公訴人並非實際進行偵查的檢察官，因此除了對案情未必熟稔外，即使連卷都沒看熟就到庭「辯論」的也不算少見——畢竟通常只要一句「請貴院依法科刑」，或者「被告泯滅人性，請依法科以最重之刑」，也就可以交差了事。既然絕大多數刑事庭都是依照偵查起訴罪名以及起訴卷證的證據判決有罪，公訴檢察官基本上只要在法庭上跟辯護人處處唱反調，大致上就可算是「認真」了。

至於辯方律師，除了擔心如若引起法官不悅會進入黑名單、影響日後案件進行外，自己多半也不願為了被告犧牲太多。認真一點的，寫了言詞辯論意旨狀，到庭加上一句「如書狀所載」，或者照本宣科唸一唸重要段落，也算仁至義盡。明知法官懶得聽，自己又何需在法庭上多講？枉做小人的賠本生意，大可不必。

黃粱發言後，法庭上出現了一陣短暫而尷尬的沉默。被告，則是一如往常地一動也不動。審判長清清喉嚨，原本正打算寬宏大量地當作沒聽見，讓辯護人快快講完，沒想到黃粱竟彷彿毫不在意火上加油一般，再度開口打破沉默：「到法院來，法院叫我不要講法律，那不知道我辯護人要講什麼？是否請法院明示賜教一下，並讓我請書記官記明筆錄？」說到後來，竟是直視台上而講，在「記明筆錄」部分也緩緩一字一字地逐漸加重語氣。

當「記明筆錄」從辯方口中講出來，大致上就等同在預告辯護人考慮要直接挑戰法院了。

如果只看黃粱發言，一般辯護人或許會暗暗地為他捏把冷汗；殊不知實際上，他不斷地透過測試在觀察法檯上三位法官的反應——審判長的怒氣原在意料之中；受命法官一如以往的畏畏縮縮，不發一語；比較有趣的是：原本猶如泥雕木塑般沉沉死氣的陪席法官，竟然在眼神中露出了興味盎然的光芒。

果然，黃粱事先的調查結果正確。

作為一個老練的刑事辯護律師，看似莽撞發言的黃粱，事實上在法庭內的一舉一動無不經深思熟慮，也都依據事前調查的結果，預判過風險。黃粱調查發現，在本次審判庭的三位法官中，唯一比較能夠期待的，是被歸類為青壯改革派的陪席法官，甚至曾經因為對死刑抱持懷疑論，因而受到輿論抨擊為「恐龍」法官。問題是：依照法官界的行事風格，陪席法官不會主動參與受命法官的證據調查與判決撰寫，也不會介入審判長的訴訟臨場裁判指揮。

因此，在刑事法庭內，陪席法官在案件審理過程始終不發一語的狀況，極為常見。

沒想到，因為黃粱的反應，讓一向並不發言的陪席法官竟轉過頭去，與審判長交頭接耳好一陣子，最後審判長終於點了點頭。

審判長回頭說：「辯護人，請繼續科刑辯論，」清了清喉嚨，「同時也請注意你在法庭上的用語與態度。」

「那當然。鈞院有多尊重被告防禦權與辯護人的辯護權，我們就有多尊重鈞院。」黃粱依然毫不客氣，面帶微笑。「是說，在我被迫科刑辯論之前，想請教一下鈞院：審理程序的違法，不知道會不會抹煞法院在本審級的努力？」

「什麼程序違法？辯護人你又在說什麼？」審判長又皺起眉來。

「依照《刑事訴訟法》第二百八十九條第二項後段，於科刑辯論前，法院應予到場之告訴人、被害人或其家屬或其他依法得陳述意見之人就科刑範圍表示意見之機會，」黃粱說道：「在我科刑辯論前，法院已經讓告訴人，即被害者的胞弟充分地表示過意見，也就是家屬們在法庭上喝斥被告與辯護人有多泯滅人性、多人渣的那一次。」黃粱笑笑地說：「但千里迢迢請假來開庭的兩位被害者家屬，也就是被害者的一雙未成年子女，卻被法院以不公開審理為由拒於門外，也不讓他們陳述意見。」

他戲劇性地停頓了一下。

「不知道是法院忘了上述《刑事訴訟法》的規定？還是法院認為被害者的兩位子女不算被害者家屬？」

審判長的神色頓時略微出現慌亂，隨即以不耐煩的語氣掩飾，「辯護人，你先前聲請這兩個未成年人作為量刑證人，本院已經以無必要及保護未成年人為理由駁回了，你又重複聲請做什麼？」

「姑不論鈞院駁回我的證據調查聲請合不合法，」黃粱冷冷道：「辯護人現在的主張是《刑事訴訟法》第二百八十九條，法院『應』予被害人家屬針對量刑陳述意見的規定。辯護人主張：這兩位未成年人是被害人之子女，屬於上開法律明定應給予量刑陳述意見的對象，不是聲請傳喚證人。請鈞院就這部分回答我。」

台上的三名法官又一陣交頭接耳，審判長一邊開始翻閱法檯上的大六法。兩分鐘後，似乎是陪席法官的意見再次占了上風——或許是搬出三審可能以明顯違背法令為由，撤銷發回本審作為理由吧，這次審判長終於妥協。

「辯護人，他們兩個在哪裡？有來嗎？」審判長問道。

「由於法院禁止他們出庭，所以兩個孩子就坐在門口。」黃粱說道。

「你請他們進來吧，」審判長說：「我們休庭十分鐘。之後開始被害者家屬陳述意見程序。」

一如泥雕木塑的被告，這時身體出現了微微的顫抖。

●●●

「全體起立！」法警機械式地大叫。魚貫進入法庭的三位法官當中，審判長則是膝反射式的搖了搖手，「都坐下，坐下。」

少年緊握住妹妹的手，兩人看向被告席，張口小小聲叫了一句「爸爸」，隨即轉頭向法檯上的三位法官鞠了一躬。看來雖有些緊張，大體上卻不失冷靜。但此時在黃粱身旁的被告，身體抖動到幾乎難以自制。黃粱連忙跟被告悄聲講了幾句，避免他的情緒過度激動。

審判長依程序確認過少年與妹妹的身分和基本資料後，開口說道：「兩位小朋友，今天你們到法庭來，是因為……呃，這個……你們的媽媽被爸爸強制……呃，強制性交、殺害了……因為牽涉到你們兩位作為被害人家屬的身分，」審判長頓了一下，白了黃粱一眼，「……所以讓你們簡單講一下，希望法院怎麼判爸爸的刑，例如說，是要判這個……呃，死刑呢，還是無期徒刑呢？是要判重一點，還是要判輕一點呢？」顯然極少與未成年人有懇切談話經驗的審判長，在法檯上竟然看起來有些詞窮、甚至窘迫。

「……總之，你們簡單講，也可以說判重或判輕就好。你爸爸的辯護人把你們使拖到法庭上來，法官伯伯很不忍心……不希望強迫你們發言。」

法官頓了頓，揮揮手。

「……總之，你們簡單講吧。講完，趕快回去念書，不要為這種事浪費時間。」

「謝謝各位法官大人，讓我跟妹妹有機會來這裡參加我爸爸、媽媽案件的審判程序。」十四歲的少年，展現出超乎年齡的成熟——雖然語音中有著掩藏不住的緊張。

「也謝謝法官伯伯對我們的關心。可是我們不覺得這是浪費時間，」少年微微搖了搖頭，眼光看著面前的麥克風，「我和妹妹都覺得這件事比我們上學要重要多了。」

被告的身體再度為之一震，眼淚不受控制地不斷滾落。

少年顯然並無譏諷之意，但審判長卻頓時為之語塞。

「我知道爸爸還不算確定有罪，」少年深深吸了一口氣，看了一眼坐在左側，身體縮成一團的被告父親，再抬頭看著法檯上的三名法官，「對吧？無罪推定的意思，律師叔叔有跟我解釋過。」審判長竟然迴避了抬頭看著法檯的少年目光。

「他也很仔細地回答過我們對審判程序的問題。律師叔叔說法官們好像覺得已經不用調查對我爸爸有利的證據，感覺上好像都已經確認爸爸有罪——」

「小朋友，辯護人是律師，他有他工作上的立場，收了錢替被告辦案，你不用全信他講的……」審判長連忙打斷少年。

少年睜大了眼睛，一臉不解，「所以法官伯伯也覺得我爸爸可能沒有做這些事嗎？那為什麼……」

「小朋友，你離題了。現在是請你以被害者家屬的身分陳述你希望法院判你爸爸，判輕還判重，你簡單講就好了，好嗎？」法官特別在「被害者家屬」五個字加重了語氣。

「我希望判輕，因為我爸爸沒有殺人；打人是不對的，應該處罰，但是我爸不可能殺害我媽……」少年微微縮了縮身軀，原本瘦小的身形在被害人家屬席上看起來更顯寂寥，只是緊緊握著妹妹的手。「除了照片之外，我們看過整個案件的卷宗，是律師叔叔應我的要求，給我看的。我爸爸沒有意思要殺害媽媽，他一開始就是因為媽媽在外面有男朋友，去跟媽媽談離婚的。我爸爸不是那種人，他從來沒動過手，只有像傻瓜一樣的付出，對任何人都是——」緩緩吸了一口氣之後，少年繼續說道。

「辯護人！你是不是有跟兩個小孩事先串供？」審判長直接打斷少年的陳述，轉向黃粱。

「庭上此言差矣，」黃粱顯然早有預備，冷冷地回答，「第一、一位未成年人的身分是二八九的被害人家屬，法律上行為定性是陳述意見，根本沒有具結，何來證供可串？其次，無罪推定，罪疑惟輕，證據裁判，是任何一個民主國家刑事司法基本原則，我國也不例外，怎麼對被害者家屬回答這些問題就變成串供了？」

黃粱停了一秒。

「第三、證據內容是孩子們要求要看的，我把所有可能影響未成年人身心的照片內容先行過濾過，只有一一回覆他們的問題。難道作為被害者家屬連了解案情的權利都沒有？最後，被害人家屬依法陳述意見，我看鈞院不斷干擾、影響他的法定陳述權，請書記官依法記明筆錄。」

黃粱說道。

「辯護人依照《刑事訴訟法》第二百八十八條之三，對於審判長不當干預、影響被害人家屬陳述意見權的訴訟指揮方式提出異議。」

書記官的雙手登時凍結在鍵盤上空，顯然不確定該不該打進筆錄內。

審判長面孔漲紅，片刻後，轉過頭去看陪席法官。三人再度交頭接耳後，審判長揮了揮手，猶如要揮走黃粱這片不散的噩夢烏雲般，說道：「小朋友，你繼續陳述吧，你講你想講的，趕快講一講。」

原本因為審、辯之爭而感手足無措的少年這時如獲大赦，面帶感激之色看了黃粱一眼，點點頭說道：「謝謝法官。」

黃粱既然已經達到目的，也就不再窮追猛打，當然並未進一步要求書記官必須真的將異議記明筆錄。

「律師叔叔有跟我們說過，依照《刑事訴訟法》第……二百八十九條第……二項，」少年看了下筆記之後，轉頭看了看黃粱；黃粱微微點了點頭，「我們是被害人家屬，可以就被告被判刑的範圍表示意見。所以我跟妹妹仔細商量過之後，希望告訴法院我們對這件事的想法。」

看到審判台上的法官沒有什麼表示，於是少年捍著手中的筆記紙，繼續往下講。

「我媽媽她……在外面有男朋友，也懷過小孩，這是我們家鄉幾乎大家都知道的事，」少年手中的幾頁筆記紙已經被左手捏到幾乎變形，「她和爸爸的關係其實一直都是這樣：一個在外追求，一個在家守候。我跟妹妹也都很清楚，媽媽應該從來就不愛爸爸，」少年頓了頓，「其實大概也不愛我們。」

少年的妹妹這時開始小小聲地啜泣起來，少年的右手依然握著她的手，輕輕地扯了一下，搖了搖頭。

「那都沒關係，媽媽是大人了，不愛我們，也沒人能強迫她。原本說清楚，離開就好。可是她也不走，我們只是不知道她為什麼要一直這樣反反覆覆地對爸爸……」少年仍是一派鎮定模樣，彷彿訴說的是別人家的事，而自己是無關利害的目擊證人。

「反反覆覆？什麼意思？」少年的陳述，竟引起審判長的好奇之心。

「意思是，她原本可以離開爸爸和我們就好了，但不知道因為什麼緣故，每次在外面玩完之後回家，就會跟爸爸發生爭執，然後又會和爸爸親熱……」少年淡淡地說：「我跟妹妹、奶奶都知道，是因為他們的房間和我們的房間中間只隔著夾板隔間，家裡有什麼風吹草動，每個人都聽得到。」

「他們這樣已經很多次了，」少年繼續說道：「大概都已經成了固定的模式：如果爸爸主動想跟媽媽在一起，媽媽大多是不理他，爸爸也不會有什麼反應；但只要媽媽去外面玩回來晚了，和爸爸吵架或者罵完我們，那天晚上，他們就會在一起。我想大概是這樣，爸爸才會一直覺得有希望吧。」少年頓了頓，偷偷抬眼看了被告席的父親一眼，「我們一直覺得爸爸很可憐，是不是因為我和妹妹才一直抱著希望，結果讓媽媽這樣對他。」

被告的身體不斷顫抖，滿面淚水卻咬著嘴唇，不敢發出聲來。

「就憑這些以及過去的經驗，加上律師叔叔給我們看的卷宗內容，我跟妹妹都很確定爸爸既不可能要殺害媽媽，也不可能強……強制性交媽媽。」少年捏著筆記紙的指節微微發白，「爸爸一直希望留給我們一個完整的家庭，而且他再怎麼生氣，也從來沒有打罵過任何人，怎麼可能會故意殺掉我們的媽媽，或者要強迫她親熱呢。」

法庭陷入一片沉默，只有被告席及證人席的右側，傳出微微的啜泣聲。

「法官大人，」少年像是下定決心般，抬起頭說道：「我知道你們跟檢察官一定都覺得我爸爸很可疑，一定想要幫我死掉的媽媽討一個公道，我知道這是你們的工作。可是我和妹妹所知道的一切，還有卷宗裡面的證據，都證明我爸爸不是要殺人、強暴我媽，這是我跟妹妹都很確定的事。」少年的聲調突然提高。

「律師叔叔說我可以告訴法院怎麼用《刑法》五十七條，我跟妹妹仔細討論過之後，把律師叔叔給的法條，按照項目一點一點寫了下來。」少年微微舉起左手，還有已經皺成一團、幾乎難以辨識的筆記紙。「我們想要一點一點的講，可以嗎？不會花多少時間的。」

審判長表情複雜的面容上，露出了狐疑的神色，但還是點了點頭。兩旁的陪席法官、檢察官則是一片靜默。

「我們認為我爸爸應該是有傷害我媽媽，但是沒有殺她，也沒有強暴她。我爸爸的犯罪動機與目的，並不是為了他自己，而是為了保護我們的家庭；之所以犯罪，很可能是受到我媽媽外遇的事刺激。犯罪的手段，就是毆打，這很不對，但不是要殺她。至於爸爸的生活狀況、品行跟智識程度，」少年頓了一下，抖了抖已經皺到幾乎難以辨識的紙片，眼淚在眼眶中打轉。「他從來沒有打罵任何人；他把一切的收入都交給媽媽、奶奶，還有用在我們身上，自己過得很節儉；雖然只有高中肄業，但是他真的是一個很認真的好爸爸。他也已經認錯了，只是我猜他認錯的內容可能跟法官你們想聽到的殺人不一樣。」

「最後，」少年深吸了口氣，「最後，我跟妹妹想拜託各位法官大人想一下：把我爸爸處以死刑，其實不就是在處罰我和妹妹嗎？」眼中露出了難得一見的倔強神色，「我們又做錯了什麼？媽媽死了，現在法律又要奪走真正對我們好的爸爸？而且沒有證據？」

少年講完了，法庭一片沉默。被告終於痛哭出聲，但這次法官並沒有出言喝止。

空氣中只有老舊的法庭冷氣葉片發出喀啦、喀啦的聲響。

過了片刻，審判長說道：「你們的意見，我們聽到了。回去也會請書記官整理起來，把你們今天講過的話都記清楚，」目光轉向辯護席，「我相信辯護律師叔叔會幫你們確認的。」

黃粱點了點頭。

「謝謝你們今天來，表示意見，」審判長以一種百味雜陳的表情說道：「我們會再想想你們所講的。小朋友，你們可以回去了。」

少年與女孩隨即起身，再度向法官鞠了個躬；隨後離開證人台，兩個人竟不約而同朝被告的方向跪了下去。

「爸爸，你要多保重。真的很對不起。害你變成這樣。」

「都是爸爸的錯，跟你們一點關係也沒有啊！」被告用幾乎難以辨識的號哭聲回答。

「小朋友，你們快起來，走吧。」審判長回過神，催促道：「被告，你控制一下。」

「是，審判長。不好意思。」被告強自鎮定，看著兩個孩子走出法庭的背影。

「審判長，我們續行科刑辯論？」黃粱說道。

「這個……」審判長與受命、陪席法官交頭接耳片刻之後，說道：「今天先到這裡吧。我們合議庭有些事想再確認一下。」

「本件候核辦。」審判長說：「辯論期日再另外通知兩造。」

「退庭！」三名法官起身，魚貫而出。

黃粱的臉上，露出了難得一見的略感輕鬆表情。他知道，在這種狀況下的候核辦，多半不是太壞的消息。

●●●

出了高鐵站，上了排班計程車後，黃粱放眼所及處是一片已經收割後的農田。成堆的稻稈結紮成束，一堆堆地積累在田地中，猶如一座座小山。

距離上次來訪，已經是一個半月的事了。

自從法院允許兩名被害者子女到庭陳述意見之後，在半個月前，又與檢、辯雙方訂了庭期，行言詞辯論。比較特別的是，法院竟然在本次開庭言詞辯論前，主動諭知，本案法院可能需要職權考量變更起訴法條為家暴傷害致死與強制性交罪的可能性，請檢、辯雙方在辯論前預先準備。

黃粱的心念，隨著計程車行進與窗外街景的變換，轉得飛快。車再次停在上次到訪的宅前，黃粱深吸了一口氣。

等下孩子們放學回來，自己終於有一個比上次略好一點的消息可以告訴他們：法院最終認定被告犯下家暴傷害致死罪，但無證據認定有強制性交，審酌各項情事以及未成年子女的需求後，科被告以十二年有期徒刑。

雖然黃粱仍嫌量刑過重，但據消息指出，這是被害者胞弟與原生家庭最後可以接受，不再請求檢察官上訴的範圍——畢竟，被告的母親也已耗費心力，變賣名下僅有的兩分地與一棟祖厝之後，拿出其中的兩百萬元與被害人家屬達成和解。

黃粱下了車，午後的陽光不那麼熾烈了，這次拍在門上的右手，居然略感輕鬆。

「有人在嗎？我是黃粱，黃律師。」

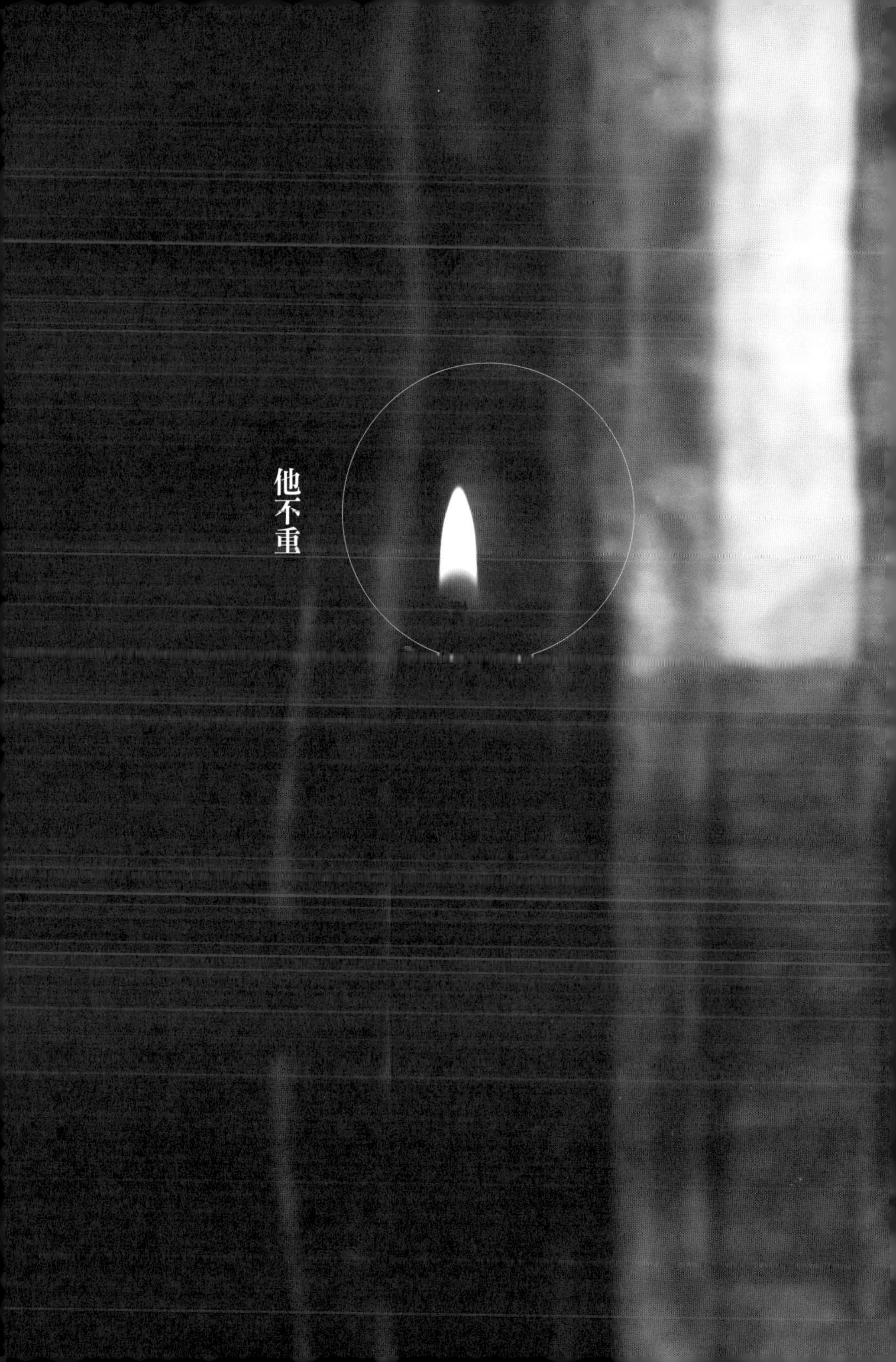

他不重

他不重

「……被告，你對於檢察官所提出的公訴事實，是否認罪？」法官機械式地看著卷宗，一面對被告提出問題。

「庭上，本案目前沒有實質相關證據，被告無法認罪。」行色匆匆快速走進刑事第七法庭的黃粱，一邊略微提高音量說著，一邊試圖用右手扣上自己黑白相間的法袍最上面一個暗釦。掛在他左前臂上、褪色的老舊公事包，由防彈纖維布及皮革混紡的層次構成，肥大的包體看來塞了不少卷宗資料。在他走向辯護人席的過程中，公事包末端撞到辯方出入口的老舊彈簧木門，發出巨大聲響。

包括被告與法警在內的所有人不約而同地轉頭盯著他看。他只稍微聳了聳肩，向法院略略點頭行禮。

庭上的法官從原本面帶訝異的表情，霎時間轉為幾乎難以察覺的輕微不悅。「大律師，你是？」

黃粱站到被告左側的辯護人席旁，左手揚起一件皺巴巴的文書，原本試著想稍微撫平後再行遞出，後來乾脆放棄，直接遞給書記官。

「委任狀，麻煩書記官，」黃粱遞出委任狀後，轉過來看著法官，「我是被告李照海的辯護人，黃粱律師。」被告的表情跟檢察官以及書記官一樣訝異，又或者該說困惑多一些。

「黃粱律師？」面無表情的法官一面打量黃粱，一面扶了扶自己的眼鏡。眼前這個看起來年約三十多歲的律師，上唇與下巴兩頰的鬍碴與短髭密布；修長壯碩的中高身形裹在合身西裝內，法袍領口露出略略下拉的領帶與鬆開的襯衫領口，整體看起來說是律師，氣質上倒不如說還比較像個前陸戰隊士官長。

「大律師，被告有委任嗎？怎麼現在才來？」法官面對公開法庭，雖然還是不動聲色地勉力想維持基本耐性，卻也不禁用較為尖銳的語氣一連問了兩個問題。原本期待十五分鐘內可以結束的第一次準備程序，現在看來很難如意了。

「庭上，被告本人沒有委任。委任我的是被告家屬，《刑事訴訟法》第二十七條第二項；委任狀剛遞給書記官。」黃粱反射性地回答，彷彿已經預料到法官會提問。「至於時間，請庭上見諒。被告家屬今天早上才決定委任本案，我一聽完家屬說明，看完起訴書影本之後就趕來了，卷也還來不及閱。」

「既然不是被告本人委任的，那你剛剛一進門就做無罪答辯，確定符合被告本人的意思與利益嗎？你不是還沒閱卷？」法官從書記官手上接過委任狀，一邊蹙起眉頭端詳內容，一面嘴上也沒停，顯然不悅的情緒尚未消散。皺巴巴的委任狀讓法官眉間的皺褶更明顯了幾分，語氣也稍微強硬了些。

「庭上，有證據顯示被告是精神障礙者。我正是為了維護精障被告的利益，才做上開答辯。」彷彿發生的一切盡在料想中，黃粱微微一笑。「今天是本案第一次準備程序，鈞院依《刑事訴訟法》第二百七十三條，除了釐清檢方起訴範圍之外，也需要訊問被告認罪與否及本案證據爭點，以及有關證據能力的意見，」說到這裡，黃粱故意停頓了一下，「……不過呢，問題就在這裡，」黃粱看了一眼公訴檯後一臉不以為然的公訴檢察官，目光隨即回到審判長臉上，接著說道：

「據我所知，本案檢方在偵查中顯然違背《刑事訴訟法》第二條客觀義務，明知有醫學診斷顯示被告罹患失智與妄想等精神障礙，卻未依照本法第三十一條第五項、第三十五條第三項等，為欠缺完全陳述能力的精障被告找辯護人或輔佐人到場協助，還利用這種狀況下取得精障被告未經協助的自白，作為起訴本案的主要證據。無論這種狀況是檢警的故意或過失造成，這種手法違背《身心障礙者權利公約》第十二、十三條與《刑事訴訟法》的情節嚴重，已經足以構成《刑事訴訟法》第一百五十六條的不正方法取供，不得認為有證據能力。」連珠砲般一口氣說完法律論據後，黃粱略微停頓了一下，確認書記官每個字都打進筆錄之後，才緩緩下了結論。

「庭上，這狀況不太OK吧？在這種狀況下，辯護人有合理依據相信無罪答辯才符合被告利益。」

黃粱說到這裡，看著法檯上的法官，微微一笑。法官依然面無表情。

黃粱心下明白：大多數法院其實不太在意檢方起訴有多少漏洞、達到什麼門檻，更不在意證據取得過程有沒有什麼瑕疵。只要不是明顯刑求留下傷痕，對於自白與證據，司法實務上向來就是穩定採取「證據愈多愈好」的立場——哪怕這些證據可能是透過不正手法取得，有時還是可以將之「權衡」進來，作為法院判決被告有罪的依據。

對這種現象，法院向來的說詞是：證據愈多，愈有助於法院發現真實——顯然是把現代民主法治下的公平法院，當作是古代的生殺官僚、青天之流來看。但黃粱則是往往用一句資訊科技與統計學的基本原則，來反駁這種「證據愈多愈好」的愚昧概念：garbage in, garbage out——放進系統的是垃圾，系統跑出來的還是垃圾，證據尤然。

何況，人的判斷還經常受到各種認知偏誤的操弄跟影響。

但在本案，黃粱並不打算一開始就與法院在這一點直接槓上，只希望慎重向法院強調本案被告是精障者的立場——畢竟這是第一次準備程序，花點功夫把被告的故事講好，設法略略扭轉承審法官從檢方偵查卷內所得的被告有罪既定印象；法院願意打開耳朵聽，辯方才有機會緩圖扭轉局勢。

身為一個司法心理學研究者，黃粱非常清楚先入為主的偏見的力量——人類常會為了節省認知資源，習慣性在思考上求速，各種捷思（heuristics）或者認知偏誤，由此出現，在各個層面影響人類的決策與判斷。像這類肯證偏誤與隧道視野等「認知偏誤」所造成的諸多悲劇，在案件量足以壓垮第一線承辦司法官的場域，更不在少數；只是，代價往往要由被告與被害人承擔。本案為了設法中和這種偏見，避免雪球效應，黃粱決定有必要以被告的精神狀態與證據作為第一階段的戰術重點。

面對黃粱看似和氣、實則縝密的辯護主張，以及目前已經偏離法院原先計畫的審理軌跡，負責實施準備程序的受命法官一時竟不知該作何反應，只得訕訕望向公訴人：「檢察官，有何意見？」

原本面無表情的公訴人被法院這麼一問，頓時瞪大雙眼。「法官，我又不是偵查檢察官，怎麼會知道被告有沒有病？再來，犯罪事實那麼明顯，被告跟辯護人到底還有什麼好狡辯的？至於客觀性義務，辯護人是第一天念《刑事訴訟法》的學生嗎？這種訓示規定拿出來主張……就算取得自白當時沒有辯護人、輔佐人又怎樣？司法實務上就是會權衡之後認為可以用啊。而且，誰知道辯護人是不是……」察覺自己接下來要講的話可能未必適當，加上法庭內程序進行均有錄音，公訴人頓時停口，只留下法庭內一陣尷尬。

「辯護人……是不是怎樣？」黃粱笑了笑，「公訴人，你說啊？公判庭乃是不特定多數人可得共見共聞之處所。你該不會是要指控本辯護人在法庭上說謊吧？這可是有妨害名譽的現行犯之嫌喔，現場還有法院錄音以及書記官正要打的筆錄呢，我看我連蒐證都免了……」黃粱努了努嘴，下巴指向書記官放在鍵盤上的雙手。

書記官的職務與定位，在法庭程序中原本已屬尷尬，根本難以期待會把任何對法官、檢察官不利的內容打進筆錄；這時卻白白被黃粱利用，做了人型道具。書記官頓時一雙手打也不是、收也不是，尷尬地懸在空中，不知如何是好。

「辯護人！」就在公訴人猶如一桶火藥即將炸開之際，黃粱舉起雙手、攤開手掌，做出無害的手勢。

「沒事沒事，公訴人，你什麼都沒說，我也什麼都沒聽到～我只知道檢座你一天要蒞七、八個公訴案，辛苦得很，沒空看這種小案的卷……」在公訴人對黃粱的嘲諷沒反應過來前，黃粱已轉向審判長，說道：「庭上，本案醫療診斷與病歷的相關證據，已由被告家屬在偵查中提出，因此偵卷內應該都有，鈞院一定也已經看過了……」講到這裡，黃粱頓了一頓，看了看法官略顯尷尬的臉色。「……這足以顯示本案被告罹患精神障礙乃是事實；本案的自白，我認為不太靠得住，加上補強證據疑點也不少，是不是不要硬讓被告在這次準備庭認罪比較好？而且他年紀這麼大了，功能好像不是太好。可以給我十五分鐘，跟被告談一下嗎？」

審判長無奈地揮揮手，「哎，大律帥，你們先出去談吧，我們先走下一件；談完再來。」

「謝謝法官。公訴人，辛苦嘍。」勢莫走盡，向來是黃粱的行事風格。因此他攙起當事人走出法庭的同時，還是不忘跟公訴人打聲招呼。公訴人悶哼一聲，卻不禁還是略點了點頭。

●●●

「你……你是……什麼律師？誰叫你來的？你不要騙我錢……」李照海到了庭外，轉頭問黃粱。以語速跟說話方式判斷，這天他的認知功能狀況似乎不太理想。

黃粱出示律師證給李照海看，「李先生，我是你哥哥委任的。」一面溫和地說：「李照山，是你哥，沒錯吧？你不用給我錢，你哥哥已經付過了。」

兩人緩步走離第七法庭門口，到距離較遠的當事人候庭區的長椅坐下，以免對話被聽見。

「李先生，身為你的辯護人，聽過你哥的說法，我大概對案件狀況有些初步了解。」坐下後，黃粱隨即開口，「現在時間不多，關於本案要不要認罪這件事，我們需要討論一下。」

延遲片刻後，李照海終於抬起頭，看著這個比自己年輕一半的小伙子。一開始眼中盡是迷茫，接著終於反應過來。「辯護人？我哥哥？是李照山派你來的？」

眼中閃現一絲生氣，同時也點燃一線火光。

白色身影，提著一個四公升裝的白色高密度聚乙烯塑膠桶，以夢遊般的步伐緩緩走進加油站。時間剛過午夜十二點。人雖然看起來沒什麼特別之處，但這場景在午夜的昏黃路燈照射下，格外奇幻。

夜漸深，但人並不覺得特別睏倦，血脈中反而隱隱流動著一股亢奮感——許久沒有這種心跳加速的感覺了。就算自己不再年輕，但為了能證明自己的存在感而做些什麼，還是多少會給他一種短暫返老還春的感受。就好像他又回到船上，回到那些在海上與天相搏的日子；痛苦，但存在感扎實。

生命的意義在於反抗；他年少時熱愛的一位哲學家似乎是這樣說的。

死生有時，凋零卻總令人格外悲傷——他一直是這樣想的，也總以為自己會死在海上。卻怎麼都沒想到，沒能如意死在海上的自己，卻要淪落成一個受人欺凌的老人。不死，只是逐漸凋零。

察覺到來自鄰里間的惡意，也不是一天、兩天的事了。據他觀察，這些惡意甚至有愈來愈明顯的趨勢。

大概在一年前遷入現址後，他就一直為了鄰里在騎樓下聚集、喧鬧，大聲談笑直到深夜的狀況，感到困擾。幾次隻身在午後前往抱怨，無論是和顏悅色甚或瀕臨動怒，這些長期在騎樓下聚集泡茶、談天的鄰居，卻不知是否仗著久居此處，又或者根本看輕他獨居老人一個，從不把他的抱怨當作一回事。

「老先生，你是不是太敏感啦？我在這裡住幾十年了，附近的好鄰居在騎樓下泡茶、聊天，很少超過下午五點啊。下次歡迎你一起來喝杯茶，聯絡感情，應該就不會有誤會了，對不對啊？」里長的回覆雖然和顏悅色，但卻顯然給了個軟釘子碰，不把投訴當一回事。

大約半年前，他在某日午後因為又聽見外面騎樓下的喧鬧聲，便從窗戶往外看去；卻發現這些「好鄰居們」，似乎正不懷好意地看著自己的住處，隨後交頭接耳、鬼鬼祟祟地討論些什麼。「難道見我年老獨居可欺，這些人動了壞念頭？」心頭一緊，他想到自己多年行船，省吃儉用積攢的資產，雖然總是財不露白，退休後也已都換購成黃金條塊貼身收藏，但搬到現居處後，不知道是哪裡露出馬腳，竟然引來這些鄰居覬覦這些自己餘生唯一的寄託。

於是他開始加倍地留心鄰居的動靜，並且把觀察所得逐項記錄在自己的隨身小冊上。

隨著紀錄的內容累積，他反覆閱讀、拼湊，在他心中漸漸浮現的陰謀面貌，也愈趨清晰。終於，所有看似巧合的狀況，都出現了合理的系統性解釋。他更加確定：無論是這些鄰居在騎樓下的喧鬧、交頭接耳，家門口的巧遇問候，有意無意的窺探，對門對自己起居的殷切相詢，乃至於里長的態度等，都不是偶然。

這背後有一個集體的陰謀，正朝向他而來。他幾乎確定自己身陷危險，可是身邊卻沒有值得信賴的人。

值得信賴的人……曾經有過嗎……？

「老伯，你的車拋錨了嗎？」加油站值小夜班站長的問題，把陷入思緒中的老人拉回了現實。老人茫然看著對方，對方指了指他手上提的白色塑膠桶，又說了一次：「伯伯，你的車拋錨嗎？在哪？要不要我叫人幫忙？」

他皺了皺眉，連忙搖搖手，又用下巴指了指自己拿的桶子，「你……幫我加到桶子裡。一……兩公升夠了。」顯然他並不想多講。

加油站長好心相問，卻碰了個釘子，這才有心思仔細端詳這位看起來年逾六旬的老人家：高腰西裝褲之下，是一雙邊線已綻開的深棕色老舊塑膠皮拖鞋，鞋面的俗氣銀色標楷字體已磨損到難以辨識；薄可透光的白色短袖棉質內衣雖然不髒，但幾處破洞相當明顯。這位老人家身形略顯痀僂，一張久經風霜的臉上皺紋滿布，眼神有些飄忽不定，卻偶露堅毅之色。從老人的容色表情來看，顯然不是能隨便打發走的對象。

突然想起了自己每次對新進值班員工耳提面命的內容：對著提桶子買汽油的人，一定要三查五問，多追究幾句。一時間，對這老人在這時間提桶來買油這件事，值班站長突然多了點不安。一面在心裡咒罵著值大夜的小李怎麼又遲到，一面也只好多試探兩句，「伯伯，你拋錨的是什麼車？在哪裡啊？車上有人嗎？只買兩公升，夠嗎？」

面對一連串的提問與突然警覺的氛圍，老人如大夢初醒，突然回神。薑是老的辣，老人家咧開嘴，勉強擠出個笑容，隨手指了指加油站對向的建築群。「哎呀，老機車被小孩騎到沒油，丟在地下停車場；剛想到明天一早要用車，才連忙過來買點油，這樣明天早上至少可以直接騎出門，不用推車去加油。不好意思啊，年輕人，你先幫我加兩公升，好吧？幫幫我老人家。」

站長幾次問不出頭緒，老人又不肯就走，於是只好幫他加了兩公升的九五汽油。收了現金，找了錢，看著老人提著桶子的身形緩步離去，連忙自我安慰：「老人家年紀這麼大了，應該不會幹什麼蠢事吧……」

嘴巴上雖然嘟嘟噥噥，但站長一轉身坐下，還是在小夜的值班日誌交接事項上，記載了老人提桶前來買油的時間與大致狀況。

●●●●

「李先生，你弟弟的狀況恐怕不是太好……」等到患者出了診間後，醫師轉身向李照山機械式地點了點頭，請他坐下後，隨即開口。

「醫師，是什麼意思？我弟弟怎麼了？是慢性病變糟了嗎？」李照山聽到醫師這樣說，聲調也不禁有些緊張起來。

「慢性病部分……原先有的這些倒是還好，藥物準時吃，盡量正常作息，症狀大多可以控制。不過……」偏偏遇到個嗯嗯啊啊的慢郎中，讓李照山這個年輕時性烈如火的急驚風差點沒急死，卻又不敢得罪主治醫師。

「可……可是什麼呀，醫師？」李照山略帶香港腔粵語的口音竟然略略顫抖。

「主要是……患者的認知功能退化得似乎滿明顯。」醫師一邊隨手翻著病歷與檢查報告，一邊徐徐地說：「另外──」

「認知功能？退化？是老年痴呆嗎？」李照山忍不住直接冒出一串問題，打斷醫師。

「嗯，我們叫『認知障礙症』，也就是俗稱『失智』的一系列症狀……還不確定啦，要找時間轉診……」醫師不疾不徐地接著說道：「另外，患者最近這段時間或之前，有沒有無故暴怒？情緒特別激躁，坐立難安？會不會……疑神疑鬼？懷疑有人要害他之類的？」

經醫師這樣一說，李照山也想起來了。

最近半年來，李照海似乎確實出現了記憶力衰退特別嚴重的現象，幾次一開始竟認不出自己，情緒也更容易激動。好幾次給他帶了自己店裡準備的煲湯與粥品，隔幾天再去探望，東西幾乎都原封不動地放到酸臭。還有一次去送些補品，看他家中環境髒亂，只不過想順便幫忙收拾臥房，他竟然為此大動肝火，當場收回了原先寄放在自己這裡的備鑰。

但李照山就是無法在醫師面前承認，自己多年的兄弟終於必須面對這樣的窘境。經歷過生死關頭的他，倒不是諱疾忌醫，似乎就只是覺得：兄弟一路上幾番風雨，相互扶持，終於從香港來到這裡，落地生根，總不至於就這樣認輸。

現在在醫師面前承認了這些事，是不是就成了定局……輸了？

「……李先生？」醫師的呼喚把李照山從思緒中拉了回來。

「喔，醫師……你說疑神疑鬼嗎？沒有啊，沒看到特別不正常的狀況……跟先前差不多……」李照山脫口回覆，不假思索。腦中浮現的，卻是自己當年深夜在觀塘被大圈仔追殺，身中數刀、幾乎喪命，一路躲躲藏藏跑到牛頭角村李照海家敲門求救時，他開門時的臉。

門開時，猶如見到鏡中的自己一般，只是眉宇間少了一股戾氣。在月光下映照的那張長方臉，並沒有一絲的不悅或嫌棄。

「阿海，阿海……不好意思，真的不好意思……我知道你有妻、有家，如果不是走投無路，我真不想找你……你若顧慮妻小，我立刻走……」滿身血汗，衣衫因為刀傷破損而更顯襤褸的李照山，喘著氣跌坐在門前說道。

「說什麼呢？快進來。」李照海二話不說，忙把李照山拉進屋內，關起鐵門前，不忘張望一下周遭。

「阿海，我真的抱歉，弟妹跟孩子……我實在怕連累你們……」靠在門邊地上喘氣的李照山說道，血汩汩從頭上的傷口流出，想要用力按住的手似乎沒發揮什麼作用。

李照海在李照山繼續講之前，阻止了他。「都在裡面睡著呢，你別多說，我看過了，沒人跟來，沒事的。」說完，便轉身快速倒上一大杯水遞給李照山，接著張羅急救箱、止血布及吃的。

「阿海，我天亮就走啊……天亮就走……觀塘這附近是對方的地頭，我怕出事……」昏昏沉沉的李照山邊用布壓住傷口，邊說。

「別說了。給你弄點吃的。」李照海隨後轉身燒水，泡了碗出前一丁，切了片冰箱裡的凍餐肉、打顆蛋，還拿了一罐孩子愛喝的維他奶放在他面前。

「白家兄弟啊，哪來廢話那麼多。」阿海一邊張羅，經過他身旁時，拍拍他的肩。

那眼裡閃耀的火光，李照山至今難忘；也就更難相信而今自己看到那雙黯淡、充滿猜疑的雙眼，是屬於同一個人……

「我會仔細注意，好好照顧他的，醫師。拜託你開最好的藥，再看看有什麼注意事項，儘管跟我交代，好嗎？錢不是問題。」李照山緩緩起身，一邊說道。

主治醫師苦笑，「也就是健保的藥，無所謂好不好……倒是他如果出現暴力風險的時候，記得立刻帶來回診，我請身心科會診。不要拖啊。」

李照山起身，向醫師點了個頭，走出診間。容色萎靡的李照海坐在候診長椅上，正喃喃自語些什麼。

「阿海，走吧，我們去拿藥。等下回店裡吃點東西。」李照山攙起李照海，說道。

「吃……我不要吃藥啊，有人下毒怎麼辦啊？」

「廢話咁多。你個糟老頭，邊個毒你？以後我都幫你試咗湯藥先得了吧？」

「你才糟老頭。毒死你最好。」

身高相若的兩個老人邊鬥嘴，邊緩緩往醫院出口的批價處走去。或許是兄弟間許久未練的垃圾話起了作用，李照海的語速與回應竟然漸漸順暢起來。

兩人身高相若的身影，一個強旺，一個萎頓；相互扶持的手，卻握得很緊。

李照海把阿山拉進屋內，急急關起鐵門之前，匆忙環顧了四周，確定沒人跟在李照山身後。萬一發現有人跟呢？李照海自忖：那也說不得，只好動手——畢竟牽涉到大哥，加上自己一家三口，心軟不得。自己跑船時，不是沒面對過菲律賓或索馬利亞想劫船的海盜，也不是沒對心生歹念的閩廈漁工動過手。

海上的日子，哪有什麼不可能的；生存啊。

還好沒人。李照海環顧一周，匆匆關起鐵門，上了鎖。

但他沒看見：在昏黃月色下，約莫百來公尺外的池塘草叢邊，確實有東西動了那麼一動。

「你好，黃律師嗎？」進門的人是個頎長長者，一張長方臉，膚色黝黑，目測年紀約在六十歲左右，一個隨身帆布包，已經多處磨損。來者聲音低沉卻宏亮有如鐘鳴，迴盪在辦公室內。

「您沒預約吧？請問是哪位？有何貴幹？」黃粱一邊應答，一邊觀察來客，但並未確認自己的身分。看對方進門時的堅決態度，顯然是有案件要委任，而且多半已下定決心；此外，大概也不會是什麼太輕鬆的案件。

要是一般律師能辦的輕鬆案件，又怎麼會來找黃粱呢？思及此，他在心裡苦笑了一下，不知道自己怎麼會把良心稍稍遮住就能撈錢的律師業，給搞成了長工時、低報酬的懸案辯護組。

「我要委任，急件。等下就要開庭。」長者說道，一邊從隨身布包掏出了一疊現金。黃粱眼色一估，約是一般普通案件單一審級酬金的三倍。

但他緩緩搖了搖頭。

「不夠？」長者的詫異神色難掩，邊說，手又伸進布包，顯然要再掏錢。

「我不是看錢瞎接案的律師，」黃粱舉起左手做了個阻止的手勢，冷冷地道：「我要知道狀況。」

長者哈哈一笑，「好，有意思，」手從帆布袋中抽出來，「看來我沒找錯人。」一邊掏出本陳舊小冊，饒富興味地緩緩唸出內容：

「黃粱律師，執業前，負笈美國，精研司法心理學；訴訟專家；技能眾多；少年時，受過中國武術、劍道與合氣道訓練；個性軟硬不吃、為人不分正邪，全憑自己的喜好做事；生性不聽命令，厭惡權威；偏愛逆風行事……」

雖然單憑對方做背景查核之深度，就能推知對方顯然消息靈通，也下了不少功夫，不過黃粱仍不動聲色，一臉平淡地說道：「這位先生，坊間的傳聞不盡真實，切莫盡信。不過，您看起來，不也是社團幹部出身？莫非是14K？逃來這裡該不是社團改選失利被清算？誰又沒有過去呢？」

來客登時瞪大了眼，「你……你怎麼……？」

「我怎麼知道？」黃粱笑了笑，「您左右前臂分別刺有『忠』、『義』二字，胸口看得出有兩條龍紋；刺青雖有雷射除斑痕跡，但字跡依稀可辨，除斑手法粗糙，遠不及漢字與龍紋刺工之精細。看樣子，若不是駱克道Ricky就是尖沙嘴Jimmy師傅的作品。以您的年紀與行止口音回推，當年在香港若不是人人忌憚的14K社團高階幹部，誰又敢如此張揚地直接刺上社團精神代表字？另外，您右額上方跟頭皮下的舊刀傷，以及如今身在此地，不也說明了不少事……？」

「哈哈哈……黃律師實在是名不虛傳。」長者自報姓名，「我是李照山，開個茶餐廳混口飯吃。」

「想必也不是本名，」黃粱悠悠地道：「今天來是要我幫哪位辯護？哪位家人被起訴重罪？令弟，還是令兄？還沒羈押，但是身心狀況不好，是嗎？」

「你……」老人眼中的驚訝頓時轉為佩服之色，「是我弟弟。你……？」

「僥倖而已。畢竟一早急急捧著一堆現金來找我，講沒兩句就準備加錢的客戶大多有特殊難處。」未等對方開口，黃粱便已自下了台階。他知道，對這種有「輝煌過往」、見多識廣的長輩型客戶，初見面若不稍露一手、贏取信賴，日後辦案過程往往枝節橫生，搞不好還引來諸多指點、干預，難辦得很。

「令弟被起訴的罪名是什麼？起訴書有帶來嗎？何時開庭？」黃粱也不再解釋自己如何以剖繪技巧推得答案，直接切入主題。

李照山看黃粱如此直接，也不再客氣，立刻拿出起訴書遞給黃粱，一邊開始說起他所知的案件始末。黃粱邊看起訴書與開庭通知等資料，一邊聽，眉頭皺得愈緊。待李照山講完，已過了二十分鐘；黃粱又追問了幾個問題，李照山一一回答。詢答結束，已經是將近半小時後。

黃粱起身。

「我到法院大約二十分鐘，」他一邊整理李照山帶來的資料，塞進公事包中，同時隨手拿出一張空白刑事委任狀遞到李照山面前，「李先生，請你先簽委任狀，我才能帶著去開庭。」隨後他把開庭用的法袍塞進公事包內，並套上西裝外套。「你的資料先借我，之後正本會還你；我的助理會協助你簽委任契約並說明權利義務。」黃粱一面快速動作，一面用手指了指助理的方向。

「律師費一樣，簽了約之後，交給助理就好。」話聲未落，黃粱的身影已經出了事務所門口，只留下李照山怔怔地坐在原地。

「還真是個行動派……」李照山心裡想道，卻似乎頗欣賞這個怪裡怪氣的律師。

●●●

「請辯護人開始主詰問。」問完證人的人別與基本資料並命具結後，審判長用一種冷淡、鄭而重之的語氣說道。這是今天的第二個證人；先前，檢、辯雙方分別對目擊被告前往加油站買汽油的站長，以及居住處建築疑似遭縱火並與被告達成和解的鍾先生，進行了交互詰問。

黃粱從辯護席上起身，微微向法檯方向欠身，「謝謝審判長。」隨即轉身面向證人。他身邊的李照海雙眼盯著被告檯上的電腦螢幕，眼神空洞而無方向。

「李先生，你好。」

坐在證人席上的李照山微微點頭，「律師，你好。」

「方才審判長有說明拒絕證言權的意義，您都了解嗎？」

「了解。」

「那麼您還是願意就本案作證嗎？」

「願意。」

「好。請說明您與被告的關係。」

「我們是兄弟。我是他哥哥。」

「據您所知，令弟李照海先生，以下我都稱本案被告，是否曾到醫院身心科看診？」

「有。」

「看過幾次？」

「大致上每個月要看一到兩次，固定回診，都在扶林大學醫學院附設醫院。」

「您是怎麼知道被告每個月的看診頻率與地點的？」

「因為都是我陪他去的。來到這裡之後，他平常的生活起居多半是我在留意照顧。一開始是我們固定看慢性病的醫生說懷疑他有老年痴呆，叫我們轉診。後來加掛身心科，身心科醫師看了之後，就判斷他有失智症。」

「您說有失智症的『他』是哪位？」黃粱略略微笑，提醒般問道。

「喔，不好意思，我指的是被告李照海，我弟弟。被診斷有老年痴呆症。」李照山連忙說道。

「據您所知，專科醫師對被告的診斷只有老年痴呆，也就是失智症嗎？」

「不只，他說還有合併其他精神疾病的狀況，主要是比較嚴重的妄想。」

「怎麼樣的妄想？」

「異議！證人不具備精神醫學專家資格，不能回答這個問題！」公訴人說道。

不待審判長要求回應，黃粱逕自說道：「審判長，第一、我們不是請證人提供醫學意見，是請他描述看到什麼。證人方才已說明他長期照顧被告，因此對於被告經診斷罹患的症狀現象等事實，具備親見親聞的證人適格。第二、被告是否罹患失智症合併被害妄想、在生活中的事實狀況如何，正是本案爭點。這兩件事除證人之外，無人可提供事實證據資料，其證詞具有無可替代性。檢方異議並無理由，請駁回。」

審判長不想讓公訴人下不了台，「駁回」二字說不出口；過了兩秒，只悠悠說道：「辯護人請繼續。提問請具體一點。」

黃粱置若罔聞，接續問道：「證人，我再請問一次：依據你親身經歷見聞，在你照顧被告期間，曾看過他哪些妄想的現象？」

「我弟弟……被告……他這些妄想症狀從來到這裡之後，就慢慢出現……一直到最近這一年半以來，愈來愈嚴重、愈來愈頻繁……這一年多以來，他常跟我說，有人要下毒害他，有人在覬覦他身旁的錢財，想毒死他之後，搶走他藏在床板下的黃金條塊……周遭鄰居常常在偷看他家，要找時間對他下手……」

「你根據什麼判斷被告出現的這些現象是妄想？」

「因為他根本就沒有藏在床板下的黃金條塊。周遭鄰居偶爾可能會看看他，但那是因為受我所託，在幫忙盯著，怕他的慢性病或者其他症狀發作出事。我還要趁他不知道的時候，去向里長和那些鄰居一家家送禮，拜託來的。到最後……」

「到最後怎麼樣？」

「到最後，連我這個兄弟幫他準備的煲湯、餐點，他也都懷疑有毒，幾乎都是原地放到酸臭。已經不只三、五次了。」

「你怎麼知道他沒有那些藏在床板下的黃金條塊，或其他的財產、資產？」

「我弟弟早期在香港跑漁船，偶爾也幫中國和菲律賓人走私點東西，確實曾經累積過一些資產；加上他結婚之後，我也送過一些錢財給他，當時他確實可能有上千萬港幣的資產吧。依照他跟我說的，後來應該是大部分換成了黃金條塊沒錯。但是後來我跟我弟還沒來得及逃來這裡，那些黃金在香港就……不見了。他現在的生活，開銷是我這邊支出的，帳戶也是我每個月打錢進去，所有費用也都是我在負擔。他的財務狀況，我都知道啊。」

「你剛剛說到，你弟弟那些黃金條塊在香港就不見了。怎麼不見的？」

「異議！法官，這跟本案有什麼關係？」

未及審判長開口，黃粱依舊一派不慌不忙地說：「庭上，臨床精神醫學上對於妄想的定義，本來就是一種非理性且與現實不符的強烈執念，哪怕有相反證據擺在眼前，患者還是不相信。本案中，既然被告的妄想嚴重程度是爭點，那麼確認他認為自己有黃金的這件事屬於妄想，自然是有其法律上關聯性與必要性的。要不也可以請法院直接提示被告在扶林大學醫學院附設醫院身心科的診療紀錄與病例資料，本院卷第四百八十一頁以下，看看被告有沒有在診療中跟醫生說過他覺得有人要搶自己黃金這件事啊。」

審判長思考了一下，「辯護人，你繼續吧。但這個點差不多該收尾了吧。」

「謝謝庭上，」黃粱再次轉向證人，「你弟弟的那些黃金條塊，在香港是怎麼不見的？」

這次換證人呆了半晌。黃粱再次進逼。

「證人，請你說明，你剛剛說你弟弟的黃金條塊在香港就不見了，是怎麼不見的？發生了什麼事才不見的？」

「被……被搶走的。是因為我的關係，害得他們在觀塘的家被滅門……黃金財物全部被搜走就算了，我弟妹被汙辱、殺害，小姪子也當場……被害。只有我們倆勉強逃出香港……這全部是我害的。我在香港混過社團，後來在幹部選舉時失勢；因為他在仇家追殺時，收留過我，沒想到最後讓他落到這樣的下場，家破人亡。現在由我負擔起他的一生，也是理所當然。」

這段回答其實跟案情不算太有直接關係，但檢察官反倒聽得入神，一副不可置信的表情，忘了要異議。受命法官也不知是喃喃自語，還是詢問審判長太大聲，一句「社團？什麼社團？」，直接讓證人席與辯護席都聽見了。

「社團就是黑社會。法官大人，我以前在香港是混黑社會的，當到高階幹部。後來被外面的仇家跟內部的對手聯合鬥了下來，差點死了。我弟弟是因為收留了我，後來才全家被害。」雖然是法官無意間說溜嘴的問題，證人還是回答了。

「你們既然逃了出來，那是怎麼知道發生過這些事情的？」黃粱接續問道。

「行凶者把整個過程，從入宅、搶劫、逼問、強姦、殺人到放火燒屋的整個過程都錄影下來了。寄了一捲帶子到我媽媽家去，指名給我跟我弟弟，」李照山眼中閃爍著痛苦不堪的神情，但面容仍一派鎮靜，「我弟弟看完之後，精神就出狀況了，拿刀要自殺，被我擋下來……」說著，舉起了自己的右手掌心，一道明顯的穿刺痕貫通手心。「……後來我散盡家財，設法打點社團的人，答應從此不回社團爭權，才換得對方容我安頓好老母進安養院，不對她動手。但我就只能急忙帶著我弟弟逃來這裡。到現在也十五年了……」

說到這裡，李照山疲憊地揉了揉臉。

「這就是為什麼我很清楚我弟弟的狀況是妄想，因為他和我逃來的時候，根本什麼也沒有，哪裡來的黃金。」

「審判長，」黃粱轉向法官席，說道：「辯護人對這位證人沒問題了。」

「檢察官，請進行反詰問。」審判長如夢初醒，對檢方說道。

「檢方沒有問題。」檢察官面無表情地說道。原本想彈劾證人與被告關係的憑信性弱點，現在看來還是不要比較好。

枯坐在黃粱身旁的李照海依然弓著身，盯著電腦螢幕上的某一點。也不知道方才李照山講的一席話，他究竟聽到沒有。

「被告，你對證人的供述有什麼意見？」

沒有反應。

「被告！李先生！你對證人的證詞有什麼意見？」審判長提高了聲量。

黃粱連忙介入，「庭上，不好意思。無論是卷證或剛剛的證詞，鈞院都聽見了。目前我的當事人可能處於認知功能不佳的狀況。是否由我來回答？」

李照海仍是一動不動，一語不發。

「那就請辯護人回答吧。」審判長沒好氣地說道：「書記官記一下：被告未答，疑似因為精神狀態影響。」

「證人李照山與被告雖為兄弟關係，但依據親身經歷所提供的證述內容，與客觀、中立的身心科診療紀錄此一特種業務文書內容相符，也具體說明了被告妄想之嚴重，以及妄想產生的重大生命創傷脈絡。足見被告在從事公訴犯行時，確實極可能在妄想影響之中，失去了對現實的辨識能力。」黃粱說到這裡，略微停頓，繼續說道：「庭上若認為此證人之證述仍不足證明對被告有利之欠缺責任能力抗辯，那麼辯護人請鈞院傳喚被告的主治醫師到庭作證，接受交互詰問……」

「辯護人，你先別急著聲請證據調查。」審判長連忙說道：「檢察官有何意見？也請對辯護人考慮聲請傳喚主治醫師這件事，表示看法。」

「這個……檢方認為證人的供述與客觀證據確實沒有重大不符……沒有再傳喚主治醫師的必要了。」檢方的想法顯然與法院一致。到了這個節骨眼，沒有人想再調查證據。

「庭上，」黃粱不疾不徐、略略舉起右手說道：「本件檢方起訴時，是以《刑法》第一百七十三條第一、第三項的放火燒燬工人使用住宅未遂罪起訴，那是最輕本刑七年以上的重罪。我們在本案一開始就指出：依照火災現場鑑識報告，本案客觀情狀很可能認定被告本意只是要燒燬里民聚會柱子旁的藤製茶桌、椅，並請求法院曉諭變更起訴法條為《刑法》第一百七十五條第一項的放火燒燬他人所有物罪。當時法院沒有給我們回應。」黃粱右手緩緩指向身旁右側的被告，說道：「辯護人實在看不出來，看過這些證據後，在幾乎已可確認被告罹患失智症合併妄想症，以至於刑事責任能力受到嚴重影響，且已經與被害人達成和解的狀態下，送這位年邁被告進去關七年，讓他老死在獄中，對社會正義與法律秩序回復的意義何在。」

黃粱說到這裡，深深吸了口氣，吐了出來。

「辯護人再次請求鈞院曉諭變更檢方起訴罪名，為《刑法》第一百七十五條第一項的放火燒燬他人所有物罪，並請依照證據認定被告在行為時，責任能力嚴重減損，予以減刑。

「或者，如果法院不考慮曉諭變更罪名的話，我們辯方會認為事涉重罪，因此需要繼續傳喚被告看過的各個醫師，來逐一證實被告的每一項症狀對他行為能力的影響……懇請鈞院跟公訴人考慮一下。」黃粱輪流看著法官與檢察官，微微笑說道。

法庭上一片難堪的靜默。然後，法檯上的三名法官以審判長為首，開始交頭接耳。幾分鐘後，審判長說話了。

「辯護人，本院接下來要休庭十分鐘，評議你剛剛所提出的事項。在這十分鐘之內，也請你跟你的當事人商討一下：如果本院曉諭變更起訴罪名為《刑法》第一百七十五條第一項的放火燒燬他人所有物罪，也就是一年以上、七年以下的罪名的話，那麼你的當事人是否要當庭認罪？」

「庭上，還有《刑法》第十九條的刑事責任能力問題。我認為本案證據確鑿，可資證明

——」黃粱正要滔滔不絕時，審判長舉起手來。

「可以了。辯護人，本院知道你要說什麼。不希望你的當事人入獄是吧。」審判長忍不住白了黃粱一眼。

「就這樣吧：請辯護人在休庭期間與被告商議，若本院曉諭變更起訴罪名為《刑法》第一百七十五條第一項的輕罪，且審酌客觀證據認定被告行為時，受精神障礙影響而致辨識能力顯著減損，那麼被告是否認罪。退庭。」

黃粱站了起來，順手也微微扶起身旁的李照海，兩人緩緩走向庭外。李照山雖然作完了證，這時也在庭外相迎。

「黃律師，法官剛剛講的是什麼意思？」李照山連忙問道。

黃粱沒直接回覆，側過了頭，緩慢地解釋給李照海聽。「李先生，剛剛我要求法院把檢察官原先起訴的七年重罪，依據證據，給變更成一年以上的輕罪；另外也要求法院考量你的狀況，給你減刑。加上本案，我們都已經跟鄰居們和解，以及你哥哥李照山良好的證詞，我認為可能可以說服法院給你判低度刑期，加上緩刑。這樣你可以不用坐牢，對你的狀況可能比較好。你同意嗎？」

李照海彷彿大夢初醒，緩緩地輪流看著黃粱與李照山，說道：「不用坐牢……可能嗎？」

「可能的，李先生。我認為方才法院講得已經相當明顯：他們變更起訴罪名為輕罪，加上《刑法》十九條的減刑，應該可以給你緩刑。如果你願意認這條新的罪名的話。」

「新的罪名……是什麼？」

「就是你放火燒了人家鄰居泡茶用的桌、椅，比較輕的公共危險罪。」

「阿海，黃律師爭取到這樣，已經是天公地道，十分難得了。桌子也確實給人燒了，你就考慮認了吧。」李照山勸道。

「那……我的黃金怎麼辦？」

李照山露齒一笑。「黃金，再賺就有了。」心裡卻不免暗暗神傷，「你連家人跟那捲錄影帶，都給忘了嗎？……唉，也好。忘了也好……」

只是李照山忘不了。那捲壓在包袱底的錄影帶，他天天帶在身邊。

●●●●

入庭後，法院當庭曉諭變更罪名為《刑法》第一百七十五條第一項的放火燒燬他人所有物罪。經被告當場認罪後，提示所有證據完畢，由檢、辯雙方行言詞辯論。檢方除同意罪名變更，也不爭執有刑事責任能力顯著減損之外，僅具體求處最低刑度一年；在被告持續就醫的條件下，也不反對給予緩刑。

加上減刑折算下來，被告李照海只判六個月，也能取得緩刑；至於就醫這個條件，李照海的狀況原本就有需求，黃粱自然不反對。

兩造辯論完後，法院諭知休庭十分鐘，進行評議。十分鐘後，當庭宣判李照海犯《刑法》第一百七十五條第一項之罪，有刑事責任顯著減損事由，處有期徒刑六個月，緩刑一年；緩刑期間，必須定期到身心科就醫，控制病情；縱火用器具均沒收。

顯然本案也毋須擔心任何一方上訴的問題，算是幫當事人圓滿了結本案。黃粱至此，總算鬆了一口氣。

●●●

走出法院，天色仍光。李照山攙扶著李照海，緩緩跟在黃粱身後，出了法院大門。

「兩位李先生，這個案件到此算是告一段落。而且就此確定，也不會有檢方上訴的問題。接下來，就請二位好好保重了。等我的事務所收到判決，會再轉交給二位。」黃粱對李氏兄弟說道。

「李先生，」接著他往李照山的方向側過身去，壓低聲音說道：「失智症狀與妄想症狀都相當不容易完全回復，」黃粱沒說出口的是，在這種狀況下的症狀幾乎已經不可逆，「後續李照海先生的照顧會是個重擔，辛苦你了。」

李照山微微一笑，「不重，不重，自己兄弟，一點也不重。」神色突然嚴肅起來，「今天回去之後，我會正式找個全職看護幫忙照料阿海，我不在時，他的生活起居有人照顧，也確保會去就醫。說到底，他的狀況，我要負起責任。」

「不在？你要離開？」黃粱訝異道。

「一段時間而已，回鄉辦事，去去就回。」李照山面無表情地說完之後，容色又變得溫煦起來，「等我辦完事，就回來陪阿海，兄弟倆一起慢慢老死。」

「回香港辦事？」黃粱心下已知其意，「如果跟錄影帶有關，還請善自珍重！」

「就算我回不來，也都已經打點好了，」李照山低聲道：「剩下的黃金，足可照顧阿海到他天年，絕無問題。」

「黃金？」黃粱沒料到會聽到此事。

李照山只是微微一笑，揮了揮手，並不回應。隨即轉身扶起身旁的阿海，兩人緩緩往餘暉處走去。

只留下怔怔立在法院門口的黃粱，彷彿在思索些什麼。

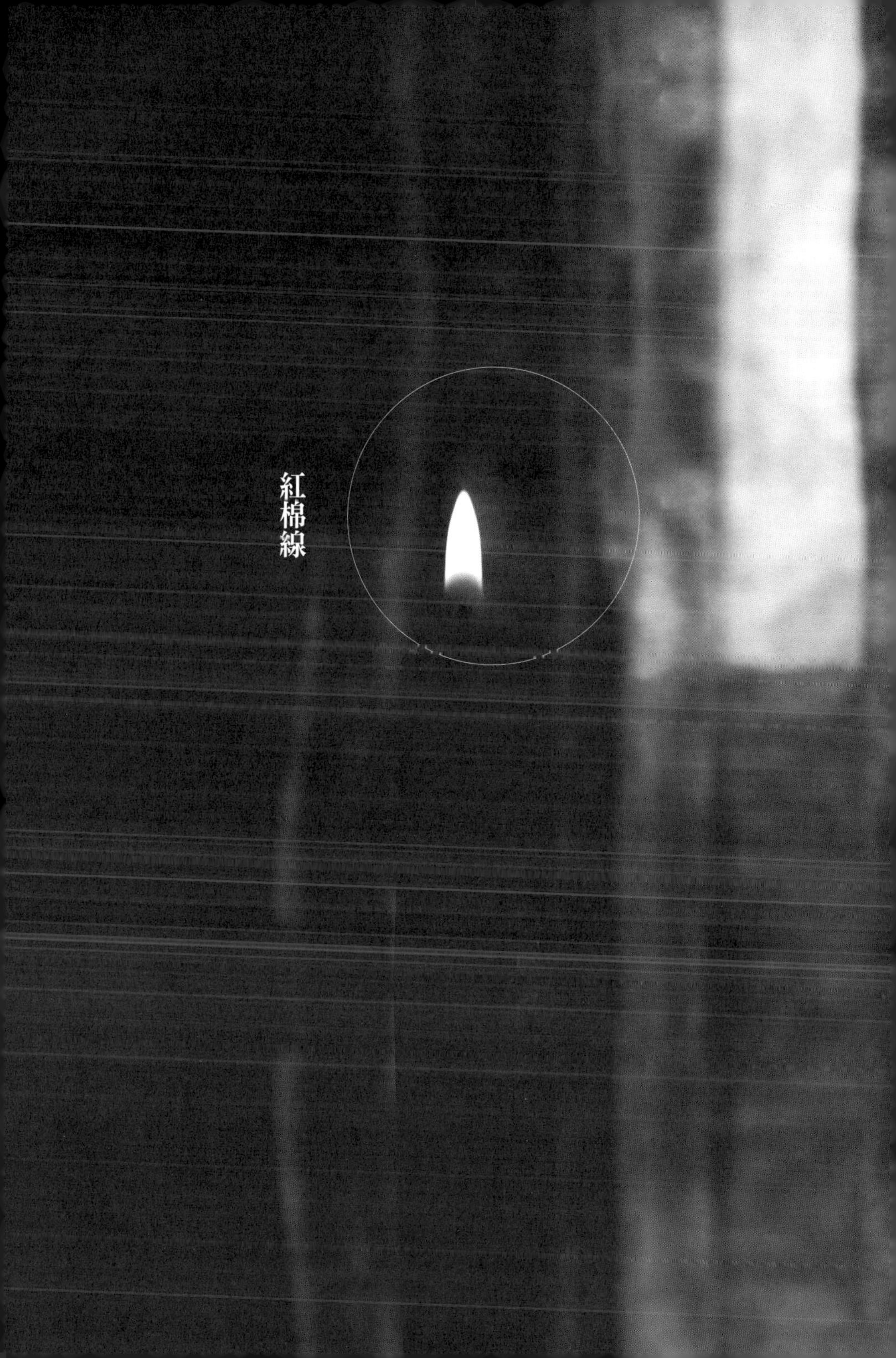

紅棉線

紅棉線

「……我們先在這裡休息一下，晚餐吃……麥當當，好嗎？」男人以妥協、近乎求和般的語氣說道，一邊把自動排檔桿的檔位推回到P檔，拉起手煞車。

坐在車後座右側的年幼女童，原先爬滿淚痕的臉上猶似一線陽光穿破烏雲，現出了微微的笑容。那是一輛租來的白色一六〇〇CC小轎車，車況不佳，行程遙遠，加上倉促成行的種種意外狀況下，看得出來原先女童並不開心，即便手邊已經抱著一隻男人在前一個休息站買給她的兔子玩偶。

「真的嗎？」女童睜圓了雙眼，隨著男人再次點頭確認，微笑綻放為咧齒笑顏。「那我可以點兒童餐、蘋果派跟冰炫風嗎？」童稚的聲音中帶著笑意與期待，霎時間似乎已忘卻不過才十五分鐘前，自己還因疲憊、不耐以及心情不佳，不斷生氣和哭鬧、跟男人大吵的模樣。

與此同時，女童彷彿感知男人在心理層面出現某種潰口，連忙追問：「爸……嗯……那……我也可以多點一杯小可樂嗎？」她用可愛的手勢，比了一杯「小小」的小可樂模樣，臉上淚痕未乾，令人憐愛之至。

「小玉今天都很乖喲……可以嗎？可以嗎？」講的雖然未必是實話，但孩子與生俱來就懂得解讀成人的情緒與弱點，那是他們賴以生存的心理技巧。

「……可以，可以啊。」被女兒打動的男人，臉上也微微出現對應的笑容；但孩子難以察覺的是，男人聽孩子到了嘴邊的「爸爸」二字竟不敢完整說出，那笑容背後所掩藏的一絲苦澀意味。

原本他還想跟孩子討價還價，要求她為了健康，最好是點蘋果切片與鮮奶，而不是蘋果派和小可，這樣才不會又惹媽媽生氣。但這個「媽媽」，不正是要求孩子們不可以叫他「爸爸」，還在律師指導下，在孩子面前不斷指控他是家暴犯的人嗎？

十年的婚姻與妥協，因為一紙空洞的保護令就能摧毀。已經走到這一步了……點什麼、吃什麼，又有什麼差別呢？

「為什麼永遠是我當壞人呢？」男人回憶起幾年前在家庭關係當中，自己也總是扮演那個必須滿足各方期待的人：嚴格教養的爸爸，盡責的丈夫，努力不懈（卻不合格）的女婿。但自己的期待在哪裡？

他其實只想跟孩子們好好地度過一段又一段美好的時光而已。無論他在婚姻關係當中，自認為遭遇過多少折辱，之所以還無法狠下心來咒詛這段家庭關係，正是因為孩子們是他這一生最美好的遭遇。

「可以的。小玉。你喜歡吃什麼，我們就點來吃，這樣好嗎？」下定了決心，勉強帶著一絲微笑的男人臉上，閃過一絲痛苦。

他想起了大女兒，還有前妻。以及當時印象中尚未破裂——至少在外觀形式上，他還可以被孩子們叫做爸爸——的家庭。雖然爭執不斷，雖然歸屬感全無，自己不斷墜入深淵的苦痛與無助也全然無人可見，但至少有個家庭的軀殼，讓他可以天天看見孩子。回憶中孩子們的笑顏，已經恍若隔世；更模糊的是婚姻初始，全家在日常合照當中露出的幸福表情。

那張全家福照片，特別被他摺成小小的，只露出照片中間四個人的臉，放在自己的皮包夾層。是作為回憶的餘燼，還是往前移動的動力？他也不知道。只是總覺得這樣做，比起手機稍微更加貼近自己的心一些。

咬了咬牙，男人從記憶中回過神來安頓孩子。他找到一張桌面不太乾淨的四人座，讓小玉坐下，隨即把隨身背包與小兔玩偶放在她身側的座位。他知道，即便是跟孩子們在一起的時候，前妻的雙眼也總是黏在手機上，無窮盡的社交平台、短影音，也連帶成為孩子們的保母。於是，喜歡陪伴、聊天的小女兒只能透過與玩偶的角色扮演，沖淡寂寞感、學習建構友伴關係。他抽出小玉隨身的粉紅色小水壺，打開壺蓋之後遞給她，並且從背包前側的小隔間當中，拿出了她隨身攜帶的家家酒茶具組，擺在兔子玩偶面前，對女兒笑了笑。

接著他走向座位附近的櫃檯，唰唰連續抽了三張餐巾紙，順手在一旁的電動酒精淨手器下方晃了晃，讓噴出的七十五%酒精把餐巾紙浸濕，再回到桌子旁，用手上被酒精浸透的餐巾紙，開始努力揩拭四人座的兩張相鄰桌面。

突然間，他怔了一怔，手上動作為之略略停頓，想起什麼似的，輕搖了搖頭，同時嘆口氣。緊接著，猶如決意完成一件艱難的任務般，男人繼續把桌子擦拭到完全乾淨為止。

女童只是饒富興味地，一邊摸著兔子玩偶的頭，一邊看著他擦桌子，不太能全然理解為什麼他有這許多表情與停頓。

「你和小兔子在這邊等一下，把拔去買晚餐喔。」

「她不叫小兔子，叫粉粉啦。」小女孩回答道，還是不敢稱呼他為爸爸。

他笑笑揮揮手，點了點頭，順手把手上擦過桌子的餐巾紙反覆摺成一小團，放進右側褲袋內，準備等下跟其他垃圾一起丟掉。當他抽出手時，卻不小心把原本放在褲袋中的一小團東西勾了出來。

一小團紅棉線輕飄飄地落在地面。男人還未及反應，女兒已然提醒：「把拔，有東西掉了！是一團……紅色的東西喔！」

男人連忙反應：「哎呀，謝謝你！小玉真棒！把拔真是笨手笨腳～沒有小玉，把拔該怎麼辦才好呢？」隨著眼眶一熱，他彎腰撿起那團紅棉線。好久沒聽到「把拔」兩個字了。

小玉欣快地點點頭，滿心為了今天晚上可以吃到許久沒吃過的小漢堡、雞塊、蘋果派、冰淇淋和可樂，而感到興奮不已，也暫時忘卻了一路來時的不快，以及接下來何去何從。

男人朝向櫃檯走去，手中緊握著那團紅棉線。背影有著無限淒涼。

黃粱深吸一口氣，打開眼前的卷宗。這個案子的本質讓他感到很不愉快。

並不是案情本身遭人唾罵、喊打喊殺這點。這類容易遭到社會輿論撻伐的案件會有這樣的輿論反應，他早已司空見慣。讓他覺得不舒服的是案件背後潛藏的動力關係：黃粱的經驗告訴他，那樣的動力關係在本案當中至關緊要，甚至很可能是肇致犯罪發生的脈絡源頭，但那往往也正是一般法院在重大案件當中，最為刻意不去探究的部分。

雖說司法的核心價值之一在於抗眾性，不過審、檢、辯也是人，真正能做到堅守價值、探求真相的，恐怕也未必在多數。

話說回來，在黃粱擔任辯護人的案件裡，又有哪一件是他覺得愉快的呢？看著犯下罪案的被告，某種程度心中暗暗惱恨，但同時卻又能同理於被告一路滑坡而下、終至走投無路的人生。畢竟，要令一個理性之人墮入瘋狂深淵，到頭來或許也只需要那麼惡劣的一天——某本著名的圖像文學作品早就那樣說過。

如果面對的是主張自己無罪的被告，辯護人一方面必須上天入地竭力蒐求足以證明被告無罪的證據（是的，大多數進入司法實務的案件都已經推定被告有罪——無論法律文字如何呈現），成天面對被告與家屬以無辜為名，對司法的尖銳質問；另一面則必須站在實務觀點，去思考被告的主張還有哪些漏洞存在，從審判者的角度該如何補強論述。

對他而言，澈底的人格與情感分裂，或許才是一個合格辯護人的工作與生活寫照。久而久之，這些過量的思緒、情感與認知，唯有統統藏起，才能讓自己正常運作下去。這是面無表情之必要，以及適當的人際疏離之必要。

他的目光，投向相驗卷的第一頁。映入眼簾的，赫然是一張未成年人的照片。

一件刑案的辯護卷宗，雖然沒有固定的編纂或格式基準，不過基本上多半是由幾個部分組成：相驗卷與偵查卷、以及各別審級的卷宗，例如一審卷、二審卷、更一審卷等。有些辯護人會依照時序編纂包括偵查在內各審級的卷，有些人則是還會另外再把檢、辯雙方、告訴代理人或訴訟參與人等程序關係人所提出的書狀獨立出來，編成另一個卷宗，以備交叉檢索、當庭表示意見，以及言詞辯論等程序之用。

至於相驗卷的內容，也就包含了在被害者離世後，依照法定程序由檢察官在場、法醫師進行解剖後，所記錄在案的內容。其中往往包括被害者的相驗解剖報告，傷勢量測所得與紀錄（包含傷口的深淺、寬度、走勢、數目，類型，可能因該傷口所造成的生理機轉等），以及最重要的間接死因與直接死因的判斷等。

有些辯護人會把相驗卷跟偵查卷編在一起，有些人則是習慣把兩者分開。有些辯護人不太看相驗卷，因為覺得逝者已矣，除非傷勢與本案罪行或辯護方針相關，否則沒什麼必要。

不過，也有一些辯護人為了追究真相，非常重視相驗卷的內容。

黃粱向來極為重視相驗卷。這樣的習慣，其實從林宮太的案件起，就已然成為他擔當刑事案件辯護必要流程的一部分。

他不需要別人知道這個習慣，也從來不主動向他人提起這件事。刑事辯護工作於黃粱而言，既不會因為他人謾罵或不認同而更加艱難，也不會因為他人的溢美之詞而提高他的意願。

這純粹是他擔任辯護人的一種儀式。猶如下庭之時，無論他有多難以認同這個合議庭或法官個人，他永遠會對著法庭微微一鞠躬的道理是一樣的。那是一種堅持。小小的，毋須有人知曉的堅持，對自己職務的珍重。

本案共有兩位被害者；而被告自始就採取全面認罪、但是不與任何人合作的態度，也包括辯護律師在內。

第一位被害者是三十三歲的成年女性，林月音；兩個孩子的母親。她的直接死因，是低血容性休克與心肺衰竭；但對於法醫學略有粗淺理解的人都知道，在刑事案件當中，真正重要的是造成直接死因的「間接死因」，因為那才是可以與加害行為及方式進行連結的因素。

造成林月音死亡的間接死因，比較複雜。她在右胸、左胸、右鎖骨、右臂等部位，總計有六處銳器傷口。其中包括了四處穿刺傷（其中之一為貫穿傷——也就是一個銳器刺入後，貫穿肢體再刺出，因此呈現一傷有兩個口的狀態）與一處切割傷。這其中，右胸的傷口是一道由上往下，與水平線呈四十五度角的十三公分深度穿刺傷，銳器經第四肋間進入胸腔，刺穿肺臟、心臟、下腔靜脈及胸主動脈，導致心包填塞，心包腔積血達三十五毫升，以及一五〇〇毫升的血胸，還有氣胸，左、右肺塌陷。法醫在相驗卷當中提出的意見認為：這道右胸部的穿刺傷，很可能是第一位被害者的致命傷。

依據法醫相驗報告中所提供的種種合理參數，以及現場查扣的凶器與犯罪現場照片，黃粱逐一在腦中堆疊證據元素，一刀刀地還原被害者的遇害經過，並且建構出行凶時的場景，同時也解讀犯罪行為背後所隱藏的動機。這也是他面對刑事案件時，慣在腦中進行的現場還原方式。至於檢警一般所謂的「突破心防」或者現場模擬之類的偵訊手法，對於精通司法心理學的黃粱而言，除了讓被告提出虛假自白的風險增高以及違背被告的緘默權之外，幾乎毫無科學上與司法上的參考價值可言。

真正具有科學論據的犯罪剖繪雖然有可能納入現場還原程序，但是仍然強調所有客觀與主觀證據必須同時兼備，而且可以相互勾稽，而不是一味仰賴被告的自白，或者現場犯罪模擬的結果。這表示，除了掌握到卷內有的所有鑑識與法醫證據之外，剖繪者還必須要正確地推斷出加害者與被害者在案發當時的心態、動機，與動力關係。

這也正是黃粱在刑事案件當中一直在做的。雖然他極少與人分享自己進行腦內還原現場之後的剖繪與分析所得，但這樣的心象作業對於他理解犯罪的歷程與脈絡、加害者的心理情境，以及被害者與加害者之間的動力關係，乃至於辯護策略的行程，有著直接的幫助。

看完了第一位被害者相關的證據資料，黃粱判斷：貫穿第一位被害者的身軀，奪走了她寶貴人生的，在物理層面雖然確實是被告行凶當時所持的刀具，但附著於持刀之手的那一股憤怒，才是本案的心理驅力。

十二年的感情，共同建立家庭的羈絆，為何最終會淪落至此？是黃粱必須調查並回答的一個問題。

在犯罪剖繪理論當中，凶器的預先計畫或臨場選擇，往往代表了加害者的情緒與認知狀態，也一定程度可以反映犯罪人的行為動機。純以犯罪手法以及工具的選擇而言，刀具的選擇與使用向來在犯罪剖繪理論中，代表著一定程度的個人性宣示意義；意思是，與個人的感受或情緒，或者所希望表達的陳述，有重要的關聯性。

憤怒之所以能夠囚禁人的心智，往往是被囚禁者的選擇，但同時被囚者卻又不自知，因而終究無力脫離。這也是大多數在家庭暴力事件與刑事暴力事件當中的加害者，常常存有「若不是對方如何如何，我怎麼會加害於他／她」的思維模式。最主要的原因是：這些加害者需要那樣的「理由」去賦予自己行為的動力，否定阻止自己行凶加害的社會規範所造成的影響力。

就此而言，第一位被害者與加害者之間的動力關係，很顯著地反映出二人之間愛恨交織、情仇萬端的歷史。也與黃粱在檢方起訴書當中所讀到的部分資訊，可以說是相符的；但同時，也留下一個主要問題等待黃粱去探究：

在他們成為被害者與加害者之前，他們之間的動力關係又是如何？

念及於此，黃粱重新打開厚厚卷夾內的相驗卷，一面舉杯用力啜飲了一口威士忌，彷彿希望藉此嚥下案卷所帶來的苦澀與疑問。讓威士忌的灼熱感隨喉腹流下，黃粱把注意力重新集中在卷宗，繼續往下細讀。那是第二位被害者的解剖報告與照片，而她的死亡方式，與第一位有著根本上的巨大差異。

看不到憤怒，黃粱心想。

第一位被害者遭害的犯罪現場所呈現的各式證據，當中氾著無處不在的憤怒。但是第二位被害者的被害現場以及死亡方式，全然沒有那樣的感覺。

第二位被害者的直接死因，是神經性休克與多重器官衰竭。間接死因，則是一氧化碳中毒併發瀰漫性缺氧缺血性腦病變、組織化肺炎以及急性腎小管壞死。

理論上，這類的症狀往往會出現在密閉空間燒炭，吸入過多一氧化碳的事件類型裡。同時，急性腎小管壞死的症狀，在法醫病理學上也代表了可能與心臟休克之後所引發的嚴重腎缺血相關。

由於本案第二位被害者被發現的時候，是在加害者租用車輛裡的副駕駛座，現場也確實在車上發現煤炭燃燒後的餘燼、小型的攜帶式煤爐，以及將所有窗戶密封的封箱膠帶。因此本案第二位被害者的死因（cause of death）與死亡方式（manners of death），在病理證據與其他客觀證據之間都可以說是互相吻合。

但從犯罪剖繪實務探究主觀證據的觀點出發，以燒炭作為一種剝奪生命的加害手段，其背後同樣具有特殊涵義。那樣的涵義，其實是建立在加害者自身的無知與誤解上，也就是加害者誤以為「燒炭死亡是一種不痛苦的死法」那樣的嚴重錯誤概念。

換句話說，加害者之所以選擇採用這種方式行凶，主觀心理層面的動機可能有「希望使被害者受到最少的痛苦」，或者誤以為「希望使被害者可以安詳地在睡夢中離世」的一廂情願思考。

也基於這樣的思考方式，這種手段往往會成為意圖自殺者所考慮的選項之一；如果是具有特殊情感聯繫因素的他殺——自殺類型犯罪，就更容易凸顯出加害者行凶前的心理狀態。一種「我走了，誰照顧你」的「一廂情願」錯誤認知；看似含有某種傳統上的「慈悲」（mercy）意涵，實則是一種奠基於物化對方的認知誤區。

本案中，當第二位被害者與加害者一同在車上被發現的時候，或許是因為體積之故，身為成年人的加害者得以從一氧化碳中毒的狀況下，在送醫急救後倖存；但第二位被害者因為體積小，相對欠缺對於一氧化碳中毒的耐受度，不幸去世。

真正吸引黃粱目光的，是犯罪現場的照片顯示：第二位被害者被發現時，她的左手小指上綁著一條紅線。紅線的另一端，連向加害者右手的小指。

第二位被害者遭害離世的時候，只有六歲；事實上，她是加害者的女兒。

念及於此，黃粱感到了一股連半杯威士忌也無法沖刷的深切苦澀感。

姑且不論有或沒有什麼苦衷存在，成年人對於未成年人的犯罪，在社會輿論上向來都會受到最嚴厲的批判。

對犯罪進行批判，其實原本沒有什麼問題——事實上，任何犯罪都值得這個社會不斷地從各個面向進行深思、反省、檢討，從而尋求制度與整體的改善之道。問題在於：在輿論浪潮中對於未成年人的犯罪行為大肆加以批判的人，絕大多數都是以「聖人親臨」的道德高點姿態為之，而且其中大多數也是舉雙手贊成對未成年人以體罰與羞辱作為管教手段之人。

每次想到這裡，黃粱總覺得一陣作嘔。他可以理解，潛藏在那樣的批判方式背後的，其實是亟盼占據道德高地，透過他人的不幸取得自己在日常庸碌生活中那一丁點優越感的心情。

也就是一種物化犯罪事件的心情。

但他就是難以認同這種立場，哪怕身邊的大多數人都會不分青紅皂白地接受，「輿論的私刑」與「對待未成年人的物化觀點」可以存在於白相悖反的矛盾之上。

呂榮基那雙空洞的眼神，以及蒼白、漠然的面容，霎時又浮現在黃粱眼前。或許在被傳到偵查庭訊問的那一天，從檢察官的言談態度中，身惟憂鬱症的呂榮基就已經習得對成人世界運作方式的無助了。

他在想兩個問題。要真正理解這宗犯罪的性質，進行完整的辯護，他必須看穿這兩個問題背後的答案，以及它們所代表的涵義。

辯護策略的重點，就在其中。

問題之一，是關於那條紅線。為什麼要在自己想殺害的女兒左手小指末端，綁上一條紅線？

在司法心理學當中，關於攜子自殺或弒子的案件與研究都不在少數，但是大多數的犯罪現場卻不會出現在本案中，這種類似連續犯罪事件「簽名特徵」（signature）的元素。

美國著名的安椎雅・葉慈（Andrea Yates）連續弒子事件中，時年三十七歲、篤信基督教的葉慈，接連把自己的五個幼子約翰、保羅、路克、瑪麗、諾亞，溺殺在自家二樓浴缸中；而後親手一一地把幼子們的屍體擺放回各自原先睡眠的床鋪。

但無論是現場，或者後續對葉慈的訊問或診療過程，都未發現她有攜子自殺、或者特殊情感連結的證據。反倒是在精神病理部分，發現她患有嚴重的思覺失調以及妄想症狀，這部分跟隨、遂行妄想內容的病理型影響，遠遠大過於情感連結所肇致的攜子自殺可能性。

本案的被告則有所不同。案件中出現的紅線，如果可以證立是被告在「自殺型弒子」（suicide-filicide）的動機下所為，那麼這條紅線作為一種潛在的情感連結工具，又代表了什麼意義？

第二個問題，則來自被害女童的相驗解剖報告。報告當中記載了被害女童解剖後所得的胃部內容物，可以回推其中有：已經快消化殆盡的蘋果片與麵包類的碳水化合物、牛奶，以及尚未消化完畢的肉類混合而成的半固態乳糜。

這些證據，跟被告被逮捕時，遭到扣押的錢包當中留下的速食餐廳消費票上，所記載的品項，基本上可以判斷為相符。

那麼，是懷抱著怎樣心態的父親，會在決意奪走親生女兒的生命之前，帶她去一般父母平常不讓孩子去的速食店飽餐一頓呢？

黃粱的心中隱隱有個方向。但要想證明方向正確與否，還是必須走一趟看守所，設法跟這位被告見上一面。

問題是，這件事並不容易。因為被告呂榮基拒見所有人，並且宣稱：如果不判他死刑，他出獄後，會去殺害法官與被害人的家屬。如果有律師膽敢為他辯護，他出獄後就會去殺害律師。

黃粱當然不介意被告的威脅——對於面對、解讀外界的威脅，以及隱藏在威脅訊息底下的真意，他有著豐富的經驗。他知道，本案的被告是以刺蝟般的態勢希望激怒眾人，作為一種自毀求死的手段。

「殺了我吧！」很可能正是被告因為得以倖存而感到深深自咎，因此決意為自己立下的懲罰之誓言。這樣的狀態下，無論是對抗法院、媒體，甚至是被害人家屬——也就是他自己的家屬，只要能讓自己痛苦的事，被告都會去做。

像這樣行為的本質，跟受到家暴或凌虐因而自我價值低下的青少年，會在痛苦不堪之際，選擇透過自傷的方式來釋放壓力，那背後的心理機轉其實並無二致。

無論法院或者社會輿論看不看得懂，只要被告還願意講話，就沒有問題。

問題是，在一連串大放厥詞，激怒法院與眾人的猖狂行徑之後，黃粱從前去探望被告的親屬與社工人員口中得知，被告近日已經進入緘默期。

黃粱在想的是，被告持續的緘默背後所隱藏的訊息，以及該用什麼手法去攻破那樣的緘默，讓被告開口。

「七〇二〇！你！到6B！律見！」

不發一語的被告呂榮基，惡狠狠地在黃粱面前坐了下來。黃粱看了他一眼，並不講話，只是自顧自地緩緩閱讀卷宗。

就這樣過了漫長的一分半鐘，連律見室內坐得遠遠的監所管理員都因為他們這桌異乎尋常的靜謐，而開始感到詫異之時，需要透過張牙舞爪的姿態來為自己製造痛苦的被告，終於被迫開口了。

「律師，你很想死嗎？你不知道我有說過那些幫我辯護的人，如果有一天我出獄，會把他殺掉嗎？」

被告的聲量與刻意張揚的威脅，驚動了律見室內的其他人。距離黃粱約五公尺的監所管理員，已經從椅子上起身。

黃粱轉頭看向監所管理員，舉起右手示意，緩緩點點頭，表示情勢都在控制之中。管理員又緩緩坐了下來。

既然被告已經開口，該是黃粱反應的時候。這時他頭也不抬，雙眼回到卷宗之上，口中冷笑一聲，「出獄？呂先生，你想太多了吧。這個案子在社會眼中，算得上人神共憤。以這個國家的司法與輿論的保守、落後及嗜血程度，不判你死刑，至少也要無期徒刑。」

「你以為我不知道嗎？無期徒刑一樣有假釋的機會！你要是幫我辯護，我假釋出獄之後，一樣會去找你！」呂榮基低聲狺吼。

「二十五年後，你若出得來，還想來找我，那我歡迎。」黃粱滿不在乎地回答道：「至於目前呢，你不是我的委託人，不能解除委任，也就代表你擺脫不了我。不配合，搞毛了我，我就把一切你不想讓大家知道的事，都在法庭上公開。」

「哈哈哈……」呂榮基的笑聲，再次驚動了律見室裡的其他人。黃粱再次對管理員們比了

「沒事」的手勢，示意狀況都在控制下，讓呂榮基繼續說話。

讓他發洩情緒，繼續滔滔不絕地說話，才是這個階段的重點。

「我都要被判死刑了，還有什麼不能讓人知道的？你說說看啊？」

「死刑？你信不信，我有本事幫你辯護成無期徒刑？你根本不想死。你根本不配死。你只是個連自殺都搞砸的廢物，滿腦子覺得這世界對不起你，想著要帶著心愛的女兒一起走，結果自己沒死成，害死了女兒。所以，一個連自殺都死不了的廢物，不用跟我來耍狠這一套。」黃粱冷冰冰地說道，苛刻的言語如子彈般彈射而出，當中有一半是他的真心之言，有一半則隱藏著他對本案的情緒。

「你根本就是個長年憂鬱症的患者，成天覺得活著沒有意義。病識感不好也罷了，卻只會把自己的悲苦與對世間的嗟嘆一廂情願地傾倒在孩子身上，然後再一廂情願地要跟孩子再續來生父女緣……哼哼，你以為這是什麼？八點檔嗎？你也太自以為是了吧？」雖不願意這樣說話，但黃粱的言語，仍然毫不留情。

霎時間，呂榮基就像是顆洩了氣的皮球，「你，你說什麼？」那初見時惡狠狠如殺人般的氣焰，已然去了一半。

「你以為我不懂紅線的意思嗎？」黃粱冷笑道，雖然心裡並沒有臉上看來那麼篤定。「你沒有資格。」

「什麼？」

「我說，你沒有資格。你覺得，奪走孩子生命的成人，有資格再做這個孩子來生的父親嗎？你配嗎？事情有你想的那麼方便嗎？你把孩子當什麼了？寵物？還是玩具？」黃粱冷峻的言詞與神色，一字一句刺入了呂榮基的心裡。

「我……我對不起她，只想來世可以再做父親，好好地彌補……」呂榮基垂下了頭。

「彌補？」黃粱的語氣冰冷更甚，順手抽出了檔案內的解剖相驗報告，翻到標記頁面，往桌上一拍。

「你自己張開眼睛，好好看看，」黃粱指著報告內的解剖照片，緩緩說道：「你一個自暴自棄、奪人性命的貨色，有什麼資格跟被你殺害的孩子訴說彌補？說什麼來世再報？我倒是想聽你說說看，你怎麼還孩子一條命。」黃粱邊講，邊把照片推到距離呂榮基更近的桌緣。「你說說看啊。」

隨著照片向自己推進，呂榮基不禁下意識地往後縮了縮，緩緩顫抖起來，終於把頭埋入了雙手之間。

「你是沒有資格不仔細看這些照片的，」黃粱語氣轉為平淡地說，表情一如在無盡梅雨天的午後簷下受困般陰沉，「你也沒有資格不把案情真相講出來。」

「孩子已經沒能力講話了。所以，那是你欠孩子的，無論法院或者旁人聽或不聽。」黃粱緩緩地說道。

「難道我講了，你就會相信我嗎？」

黃粱微微冷笑。跟刑事辯護律師談信賴，這也太奢侈了吧。

「我有查證的義務，你沒有不講的資格，」黃粱說：「就從紅棉線，跟速食店的晚餐講起吧。」

「那條紅線，是因為……我希望來生再結緣，我還可以照顧她一輩子，對她有所補償……我虧欠太多了，不是一個好爸爸。小玉她……並不知道……我的計畫。」呂榮基頓了片刻之後，開始緩緩說道，目光仍是不離解剖報告內的照片，右手放在照片上，輕撫那已逝身軀的圖像，「上車之後，小玉哭了一陣子，我一邊開車，一邊安撫她……直到後來小玉說肚子餓了，我便就近找了交流道出口，先帶她吃些東西……」

黃粱一邊聽，一邊在呂榮基面前陳列出更多小五生前的照片，卻不去打斷他的陳述，直到他自然停止。

「那個交流道出口有幾家餐飲店，為什麼選那一家？平常你有機會去探視孩子的時候，也帶她們這樣吃嗎？」黃粱語氣越發平和地緩緩問道。有時他對被告犯罪心態的深入理解，以及詢問技巧的精熟，甚至令他不禁厭惡起自己來。

「她媽媽管得很嚴，說是育兒專家說，不要讓孩子們碰速食店的東西，所以連帶地，我也不太敢讓小孩碰這類速食……無論孩子們怎麼向我求情或抱怨，在我每個月一次去看她們的時候說想偷偷吃吃看，我總還是盡量配合我太太……我前妻的教育方向……」呂榮基輕輕撫著報告的表面，語氣漸趨緩和，有股懷念的興味。

「……你曾經希望跟前妻復合嗎？」黃粱冷不防地問道。

呂榮基頓了一頓，卻不回答這個問題。

他看著照片，繼續緩緩地說道：「以前，我會怕前妻生氣，找藉口不讓我看小孩……她常這樣，只要稍微有不順心，也不管我每次要花幾千塊錢的高鐵票南下去探望孩子有多辛苦，就找藉口不讓我看孩子……總之，我不想讓她不高興，總是不敢答應帶孩子們去吃這些東西。但這次我想……都最後一次了，總希望盡量順著孩子的意，於是就照小玉的想法，選了麥當當。小玉第一次點兒童餐，有小漢堡，我還點了冰炫風、蘋果派和雞塊，又追加一杯小可……小玉吃得好開心……她媽媽從來不准她們喝可樂……」隨著訴說孩子生前的狀況，呂榮基慢慢地哽咽起來，眼中已然不見凶光。

黃粱並不打算安慰或制止他哭泣，只是靜靜地等他自己收尾。

「你們吃得開心嗎，那一餐？跟小玉聊了些什麼？」黃粱溫和地、慢慢地說道。「……有聊到吃完之後，要帶她去哪裡玩嗎？」

或許是因為深諳犯罪心理的黃粱看似無意間所提出的問題，竟深深刺中痛處，呂榮基一時之間說不出話來，心底的最後一絲防禦終於隨著眼淚潰堤。

「我騙了她！我真該死，到最後還騙了她……我該死……我該死啊……」呂榮基在座位上顫抖，頭埋入雙手之間，痛哭失聲。

「每個人都會死。死亡對某些人而言，是一種解脫；對現在的你來說，尤其是你渴望的逃避手段。但是你要知道：殺害了小玉，奪走她數十年人生與無限可能性的你，現在並沒有獲得解脫的資格。」黃粱的語氣決絕，卻溫柔地令人難以置信。

呂榮基聽到黃粱的話，一時之間不知該作何反應，蒼白而瘦削的臉龐涕淚縱橫，他張大雙眼，看向黃粱。

「某個層面，你也可以把我看作是派來折磨你的人吧。」黃粱緩緩地說道：「除了律師的身分之外，作為一個人，我也不希望你就這樣自我毀滅而死去。」

他停頓了一下。

「司法對我來說，原本就不是讓欠缺勇氣的人用來協助自殺的工具。你罪無可赦；也因此，你跟我，都必須看著你受盡磨難，為小玉被奪走的人生付出一切的代價。直到你年華老去、身心腐朽為止，你都必須帶著悔恨，不斷地反芻對自己的恨意，輾轉難眠。」黃粱抬起頭，把小玉解剖的遺體照片以及生前的照片，緩緩推向呂榮基的方向，直視他的雙眼。

「那才是你應得的待遇。死，對你太仁慈、也太容許你不負責任了。你不覺得嗎？」黃粱看著照片，緩緩說道。

呂榮基看著黃粱，目光又落在他右手所指的照片之上，面色慘白，微微點了點頭。

「說吧。吃完之後呢？」黃粱不帶任何情緒起伏，繼續引導對話。

黃粱花了超過兩個半小時，讓呂榮基詳細訴說事情發生的經過。在這期間，他也依照呂榮基訴說的進度，一一比對卷內的相關物證與照片等，確認被告所陳述的內容與卷證的各項證據之間，都可以相互勾稽。

Kill to show mercy.

所謂的「慈悲殺」，是司法心理學中，在出現類似親殺子（filicide）的案例裡，當父母對未成年子女施暴，是基於自以為慈悲的動機行凶時，在某些狀況下會使用的一個替代名詞。

臨床上，有部分父母殺害子女的案例，會出現在親職一方因為重大身心壓力、嚴重妄想症狀，或者自身已經罹患諸如憂鬱症等官能症，因而決意殺害未成年子女，以免讓子女必須面對未來痛苦的狀況。也因為在這類案件中，往往會伴隨著「親職一方罹患精神障礙或嚴重身心症狀」、「對世界、社會或身處現況產生扭曲認知」、「不忍讓孩子面對現實社會或世界」、

「常伴隨親職方的自殺（謀為同死）意念」等扭曲、錯誤的認知觀點與思維，因而得名。

但黃粱反對這個用語。或者他認為，應該在前面加上「自以為的」（wishful）這個詞語來反映事實。

Because there is no mercy in killing.

無論是誰，無論基於何種認知觀點或立場，動手攫取他人的生命，何來慈悲之有？

●●●●

「殺童虐童，唯一死刑！」、「人權給人用，虐童者非人」、「司法有眼、以命償命」、「精障不是脫罪藉口」、「殺童者不應有律師辯護」、「虐童不適用無罪推定」等字樣，黃粱一進法庭，就已映入眼簾。

距離表定開庭時間還有二十分鐘，連同媒體席在內的旁聽席次已然坐滿。法庭內的氣氛隨著黃粱進入辯護人席，出現了一種微妙的變化。

法庭內的旁聽群眾中，有部分三三兩兩成群而坐，竊竊私語不斷；其中部分人顯然有備而來，隨身自備了A4大小的字卡，上面寫了各色標語；標語下方還註明了「兒童守護協會」、「新生命家庭協會」、「全國兒少道德端正聯盟」等單位名稱。就等著辯護律師以及被告到庭時，高舉手上的標語，代替那顢頇無能、反應緩慢的司法，好好警告一番虐童、殺童的被告，以及為虎作倀的辯護人，彰顯世間正義一息尚存，存活在人民沸騰的熱血之中。

可惜，人民為正義沸騰的熱血，熱度往往比泡一碗麵所需的時間還要短。作為一個群體，人民經常就跟永遠記不得教訓的民族一樣，總寧可選擇快速而無效的殺戮，而非長久促成社會改變的教育。

因為殺戮過了，只要忘記教訓，然後迎接下一場殺戮就好；從來就不用傷腦筋思考，或者改變自己。

隨著旁聽群眾開始有人低聲鼓譟：「殺童被告欸，憑什麼用我的稅金請辯護律師？」之類的話語，黃粱表面上看來雖然依舊面不改色，心還是直直往下沉。

倒不是他會受到這些標語、鼓譟，或者法庭氣氛的影響，而是這樣的氣氛很可能造成身心狀況已經相當惡劣的呂榮基，在法庭上的言行舉止更加激躁的結果，因此也就更中媒體下懷，可以大書特書。

而那樣的報導，反過來又會在社會輿論之中造成新的漣漪，讓憤恨情緒永遠難以退去；大量的「正義之士」更想利用各種方式懲罰被告。

被告在庭的反應會隨著這樣的狀況，而顯得更加激躁與對立。前兩次的證據調查期日，一心求死的被告就已經當庭與旁聽群眾對嗆過。當時的法庭氣氛簡直就是媒體的聖誕節：一眾記者劈里啪啦拚命打字，當天下午，網路報導立刻就出現了「殺童精障被告怒嗆旁聽民眾　狂妄挑戰法院速判死」之類的一系列報導。

而黃粱很清楚，審判長之所以不強力制止旁聽群眾鼓譟或在法庭內舉標語，也是為了替司法已經低落的支持率與信賴度擦脂抹粉，看看能否多少在媒體前塑造一個司法為民的形象。

今天是最後一位證人的交互詰問。法院雖然不願意明說（向來如此），但看著旁聽席上的媒體人摩拳擦掌，黃粱心知肚明：本日證人交互詰問完之後，審判長一定緊接著會提示證據，然後直接進行言詞辯論程序。

本案由於被告從一開始就認罪，因此在法院進行答辯的焦點，始終聚焦在如何對被告量刑上。但是在前幾次審理程序所進行的證據調查過程，包括：傳喚被告的胞妹到庭說明：被告在失去兩個孩子的監護權後，是如何自暴自棄，以及憂鬱症狀日益加重的傾向；傳喚被告的精神科主治醫師與鑑定醫師到庭說明：被告已經罹患超過十五年以上的憂鬱症的症狀，憂鬱症對個人身心以及親職功能的影響，以及在各國研究當中所呈現的「憂鬱症與殺子自殺行為」之間的關聯性及心理機轉等——雖然調查證據的內容與結果，多半看起來對被告量刑相對有利，但令黃粱擔心的是那些證據調查完畢之後，台下群眾只要出現鼓譟，被告就會出現更加激躁的狀態，讓審判長頻頻抓到機會，要求黃粱控制被告，也模糊了審判的焦點。

不過，在擔心被告最終在言詞辯論的狀態之前，黃粱必須先分心處理今天到庭的證人。因為本案最後一位接受交互詰問的證人，是一位律師。精確來說，是與本案被害者有關係的家事律師，林衣珊。

在調查本案的過程中，黃粱發現這位對外號稱家事專業的律師，私下似乎有「包離婚」的風聞，但是她所使用的手法，似乎並不太符合《律師法》以及律師倫理。根據黃粱調查林衣珊所經手的家事案件發現：無論當事人家中的狀況如何、有無未成年人，林衣珊都會刻意教唆希望離婚卻不得其法的當事人，去刻意挑唆或激怒配偶，然後在預先備妥的錄音、錄影環境下，讓配偶失控暴衝。

無論他方配偶最終情緒失控、口出惡言，或者是在挑唆之下砸壞物品等，都會出當事人確認蒐證之後，立刻聯繫律師，再轉由律師向警方報案，並以「家庭暴力」為由，立刻聲請緊急保護令。之後再藉由法院基於信賴當事人陳述、原則上只進行形式審查的保護令作為證據，去家事法庭提出離婚訴訟，並剝奪對方的親權，求取高額損害賠償金。

黃粱在調查案情的過程中，訪查了被害人生前曾在家人陪同下所接觸過的家事律師，經過一一調查後，最後找出了林衣珊，並以「被害人已謝世，因此需要傳喚被害人生前的家事律師來證明被告的犯罪動機，以發現真相」為理由，說服法院把林衣珊傳喚到庭作證。

經過兩次傳喚，最終黃粱終於透過法院的第三次傳喚，使林衣珊同意到庭作證。

不過，就算把林衣珊傳喚到了法院，他也早就已經備妥詰問的方向與策略，仍然有一個關卡必須突破。

那就是律師的「業務祕密拒絕證言權」。縱使與案情相關的律師同意到庭作證，業務上的拒絕證言權幾乎可說是牢不可破。

除非黃粱在這個充滿敵意的法庭上，取得意外的助力。

「辯護人，請進行主詰問！」在依法簡要地問過林衣珊的基本資料後，審判長把證人交給了辯方。不約而同地，台上的三位法官與檢察官都看了辯護人一眼。

畢竟刑案辯護人在案件審理程序中，傳喚相關家事案件的律師到場作證，實務上本就少見；至於同樣身為律師的證人會如何回應黃粱的提問，同樣令人好奇。法官、檢察官們自然也不排斥在平淡無奇的生活當中，藉由公務機會尋找些許樂趣。

「謝謝審判長。證人你好，我是本案辯護人。經過多次傳喚，也謝謝你，身為一位律師，終於，同意到庭作證。」黃粱強調了「終於」二字的語氣。

「有什麼問題，你就快問！反正這個案件我不清楚，不用期待我會跟你講什麼。」林衣珊一開始就以不耐煩的語氣，劃清自己與眼前這個刑事案件的關係。

「證人，你認識本案被害者林月音，以及呂明玉兩位嗎？」

「認識。」林衣珊冷冷地回答。

「怎麼認識的？」

「林月音是我的當事人，呂明玉是她的小女兒。所以人律師，我先告訴你，跟我當事人有關的部分，我有權依照《刑事訴訟法》第一百八十二條主張拒絕證言權。」

「是嗎？證人，我想你對刑事法大概不熟。」黃粱微微笑了笑，「你所謂以律師當事人關係為基礎的拒絕證言權，有幾個問題：第一、就算你想主張拒絕證言權，也必須針對提問逐一主張，並且解釋清楚你拒絕的法定理由；第二、拒絕證言權能否逐一行使，也不是你說了算，決定權在審判長；第三、拒絕證言權必須是你因為業務所知悉有關他人的祕密事項，而不是關於你自己的事項，尤其是被害者的死亡可能跟你有關的時候。你懂了嗎？」

「被害者死亡可能跟你有關」這句話一出，法庭上一陣騷動。

「跟我有關？跟我有什麼關係？辯護人，你少含血噴人！」林衣珊的聲量登時轉大。

「證人，請你冷靜。我是說被害者的死亡可能跟你有關，不是說被害者是你殺的。聽得懂嗎？」黃粱冷笑道：「還是其實你自己也覺得對不起被害人？」

林衣珊被黃粱的問題內容澈底激怒，霎時間失去控制。「我對不起誰？殺人的又不是我！是你的家暴當事人！你當事人家暴成性，殺了小孩的媽媽，還害死自己的女兒！跟我有什麼關係？」

「林月音是你的當事人，是哪個案件的當事人？」黃粱對於林衣珊的高聲反駁，置若罔聞，冷冷地繼續問道。

「庭上，我主張拒絕證言權。這個涉及我跟當事人的祕匿特權與信賴關係。」林衣珊對法官說道。

「辯護人？」審判長轉頭看著黃粱。

「審判長，證人的主張無理由。第一、她所謂的當事人林女士已經逝世，人的權利，始於出生，終於死亡，一旦去世，所謂的特權與信賴關係自然也不存在。無論如何，本案發現真實的司法公益顯然比較重要。第二、我問的是林衣珊在處理案件過程所使用的手段，與最終肇致本案兩個殺人悲劇發生的關聯性；這與逝世當事人的隱私無關。」

「檢察官？」

「我沒有意見。請貴院依法審酌。」

審判長沉吟片刻，在與左右的受命與陪席法官略作商議後，說道：「證人主張拒絕證言權無理由。請回答問題。」

「審判長？」黃粱微微舉起右手一根手指。

「大律師有什麼事？」

「方才證人在庭拒答與咆哮的種種表現，已經足以顯示對辯護人的明顯敵意。我依《刑事訴訟法》聲請貴院將證人轉為敵性證人，依法進行反詰問。」黃粱不疾不徐地說道。

審判長這次答得倒快，「辯護人聲請有理由，請續行交互詰問。證人請回答問題，也請記得你已經具結了。」

詰問至此，黃粱第一階段的計畫算是成功了。

「證人，你是家事律師，本案被害人林月音與她前夫，也就是本案被告呂榮基之間的保護令事件，以及後續的離婚事件，都是你受委任承辦的，不是嗎？」黃粱的語氣溫和，但內容字字逼人。

「沒錯。那又怎樣？」

「在林月音對呂榮基起訴請求離婚的案件當中，對法院提出的主要理由，是呂榮基對林月音以及呂明月、呂明玉姊妹等人有家庭暴力行為，對不對？」黃粱問道。

林衣珊沒有回答。

「證人，你若記不清楚，可以直接講；我這邊有你當時寫的起訴狀以及所附證據。」黃粱用食指點了點辯護人席桌上厚厚的一本卷宗，故作聲勢，原本就已經準備好進行彈劾。

林衣珊白了黃粱一眼。「離婚的理由是家暴沒錯。被告呂榮基家暴成性，我擔任家事律師是以拯救婦幼為志業，自然要幫她們聲請保護令。我是有良心的，不像某些人，只會幫罪大惡極的壞蛋辯護……」

黃粱對林衣珊的挑唆言語置若罔聞。「證人，你剛說被告『家暴成性』，意思是被告是習慣性在家內施行暴力行為，對吧？請問你親眼看到被告對被害人等施暴幾次？」

一陣靜默。「……我沒看過，是當事人告訴我的。」

「所以是傳聞？好，沒關係。請問你的當事人林月音告訴你，被告對她跟孩子們施暴幾次？」

「平常被告跟她之間就有很多言語爭執，被告有言語暴力，這是被害者告訴我的，她有錄音錄到兩次；此外，其中有一次，被告還在我當事人和小孩面前捶家具及摔碗盤，碎片噴濺到我當事人的腳上，我當事人有錄音之外，也當場報警，還去醫院驗了傷……」林衣珊並不正面回答問題。

「之後就找你聲請保護令了，是嗎？」黃粱不急不躁，繼續往下問。

「沒錯。保護令原本就是該對這種家暴男用的。」

黃粱仍然不作反應。「你剛剛提到的兩次錄音，分別是二〇一九年的七月十六日晚上，以及八月九日晚上，是嗎？」

「我不確定，」林衣珊回答，「那是好一段時間之前的事了，我有很多案件要處理。」

「來，證人，你既然不斷迴避問題，就請你確認一下：這是不是你提到兩次錄音的譯文，日期在譯文的最上方。」黃粱一邊拿起卷宗，把譯文提示給林衣珊，一邊轉頭向審判長說明：「庭上，我目前提示給證人看的是本院卷第五百五十八頁起到五百六十二頁，以及五百六十三頁起到五百六十九頁，分別是二〇一九年七月十六日以及八月九日，由被害人所錄音內容的譯文，被用在證人代理被害人聲請的保護令聲證第二號與第三號。再看看貴院是否還要請通譯把本院卷提示給證人看。」黃粱在轉瞬間將詰問、提示證物及說明卷內出處等，都一氣呵成地流暢處理完畢。

審判長點了點頭，「辯護人，就照你的方式處理。你提示的譯文頁數跟我們核對的一致。請繼續。」

「是這兩個日期沒錯，怎樣？」林衣珊看了一眼，不情不願地回答道。

「請問你，被害人林女士在七月十六日以及那之後的錄音，是誰教她這麼做的？」

「被害人自己因為害怕家暴，要保護自己才錄的音吧，我怎麼會記得……」

「七月十六日的譯文顯示，被害者林女士與被告呂先生從言談演變為爭執之前，有長達兩分多鐘的背景音；其中錄到了林女士從二樓按下錄音鈕之後，關上房門，走下樓梯，以及被告呂先生剛進門，跟被害者說『我回來了』的聲音，」黃粱指著譯文的文字，說道：「你看到了嗎？」

「看到了。」

「從這裡開始，錄音內容第十一分三十二秒起到二十二分四十秒為止，這段譯文顯示林女士向被告說『我爸媽叫我們離一離』、『我爸說他受不了你在公司那副窩囊樣』、『我媽說怕你把憂鬱症傳染給小孩』、『趕快簽一簽啦，不要讓我難教孩子，拖我十年青春還不夠嗎』等言語；被告則是從一開始的『爸媽是不是誤會了』、『爸沒有跟我講過我在公司有什麼問題啊』、『我們不能好好談談嗎』，一直到最後的『你為什麼要逼我』、『為什麼要把我趕走』、『沒有孩子，我會死』……這段對話，你看到了嗎？」

「嗯。」

「證人，請你回答看到或是沒看到。」

「看到了。」

「錄音內容第二十五分三十三秒起，林女士突然大吼：『你那麼凶幹麼？我又沒有說錯什麼！樓上的孩子都被你嚇哭了！你想對我們母女怎樣?!你是家暴嗎?!』接著一邊說『我要報警』。被告呂先生則是說『誰家暴』、『你報警試試看』等言語，看到了嗎？」

「看到了。這跟我有——」

「稍安勿躁，」黃粱的目光直接逼視證人雙眼，「法庭不是你問問題的地方，是你回答問題的地方。」

「接下來，錄音內容第五十六分鐘，當時也就是晚上二十一點左右，管區警察到現場。『警察先生，我要報案，我丈夫家暴……』被告呂先生則是在背景大聲說『我沒有家暴，我什麼都沒做』……」黃粱指著用螢光黃標示出來的譯文段落，「你看到了嗎？」

「看到了。」

「警方開始詢問在現場的呂先生，並且詢問林女士跟孩子們的安全，有無受傷，傷勢在何處等……在這段，」黃粱指向錄音內容第一小時零七分處的螢光筆標示段落，「看到了嗎？」

「看到了。」

「請問你，為什麼這個七月十六日的錄音檔，在一開始會有兩分多鐘的空白背景音？」

「……又不是我錄的，你問我幹麼？」靜默片刻後，林衣珊說道。

「錄音確實不是你錄的，但是，難道不是你教林女士算好呂先生到家前，要提早開始錄音，以免現場臨時錄音會被發現嗎？」

「大律師，你有什麼證據這樣說？」

「是，或不是？」

「我沒有教她誣陷配偶家暴！」

「你『沒有教她』『誣陷家暴』？所以，你有教她錄音嘍？然後，我們從開始詰問到現在，哪裡有提到誣陷？這是不是就是你一開始教林月音要透過挑唆情緒、引發對立和報警，來製造的家暴假證據？」

「我哪有！我只說要蒐證才能聲請保護令，有保護令，法院比較好判離婚而已，沒有要她誣陷誰！」

「八月九日的對話，也跟七月十六日類似，也是先前有兩分多鐘的空白背景音，關上房門，走下樓梯，被告進門，林女士開始攻擊被告無能與憂鬱拖累家庭，威脅要帶小孩回娘家，然後兩人大吵，小孩聽到吵架大哭，林女士打電話報警，呂先生在盛怒之下用手捶餐桌，之後摔碗盤……不是嗎？」

林衣珊不答話。

「證人，李玉婷，你認識吧？」黃粱話鋒一轉，「你事務所的法務助理？你粉絲頁的小編？我們的調查結果顯示，李玉婷在你的事務所任職期間，在你的指示之下，對外多次以『包離婚』的宣傳名義招攬客戶、挑唆訴訟，教唆想離婚的當事人利用事先錄音與挑撥配偶情緒的方式，製造衝突，利用保護令原則上只做形式審查的漏洞，聲請保護令，之後再藉由聲請到的保護令，向家事法院起訴請求離婚，製造相對人是家暴慣犯的假象。」

黃粱回到辯護人席，拿起一張上有簽名的文書，「之後，你們不斷透過這種模式宣傳你的離婚業務，打造你『離婚必勝』的假象，至少超過十五件以上，都有收取高額費用；後來你們對於報酬調整幅度談不攏，李小姐憤而離職。這些，李小姐都已經在這張切結陳述上簽了名……你還不承認？」黃粱直視證人的雙眼。

「那種東西有證據能力嗎？誰知道是真的假的？」

「那我們請李小姐到庭作證，讓她在具結後作證，再請法院以這個證據依法職權告發你違反《律師法》與《刑法》誣告罪，同時送律師懲戒委員會。」黃粱面無表情地轉身向法檯說道：「庭上，我們聲請——」

「好，沒錯，是我跟當事人講的，」林衣珊大聲說道：「但我沒有教她去無中生有『誣陷』別人，我只是跟她說只要拿到保護令，就幾乎可以保證離婚；只要把配偶大吼或摔東西的影音錄下來，就可以快速聲請保護令……這些都是基本的法治教育，有什麼問題嗎？」

「你當事人離不離婚，與我無關，我也不想評論。我只知道，你所謂為了追求『包離婚』、『婦幼救星』的名號以及報酬，而對當事人所做的所謂『法治教育』，以及濫用保護令、濫用離婚制度的種種行為，在本案誘發了一系列連鎖反應，間接奪走了兩條人命，毀了一個家庭，以及四個人的人生！」黃粱冷冷地說道，一旁在辯護人席旁的被告呂榮基，此時已是痛哭失聲。

黃粱從卷宗中拿出了被害者小玉的照片。

「動手殺害小玉的，是我的當事人；但是，把刀子遞給他的、把煤炭送給他的、推他動手的——是你，包離婚的『婦幼救星』！」黃粱緩緩地說道。

黃粱看了看被告，「至於我的當事人，」又轉頭看著證人席上的林衣珊，「你若願意張開眼睛看看他的話，你會發現：他早在得知小玉去世的那一剎那，就已經死了……」

「異議！」檢察官緩緩地說道：「辯護人已經不是在進行詰問了。」

「我同意，」黃粱說道：「最後一段話，我撤回。」

「因為我希望我當事人可以活著，把那條紅棉線永遠綁在手上，用一生來懺悔跟贖罪。」

法庭上，只剩一片難堪的靜默，以及垂在旁聽席的，那一張張霎時更加蒼白褪色的標語。

「辯護人詰問完畢。」黃粱緩緩回到座位坐下，看著手中卷宗內的照片，心中五味雜陳。

窗外的天氣，竟是那麼好。好到有罪。

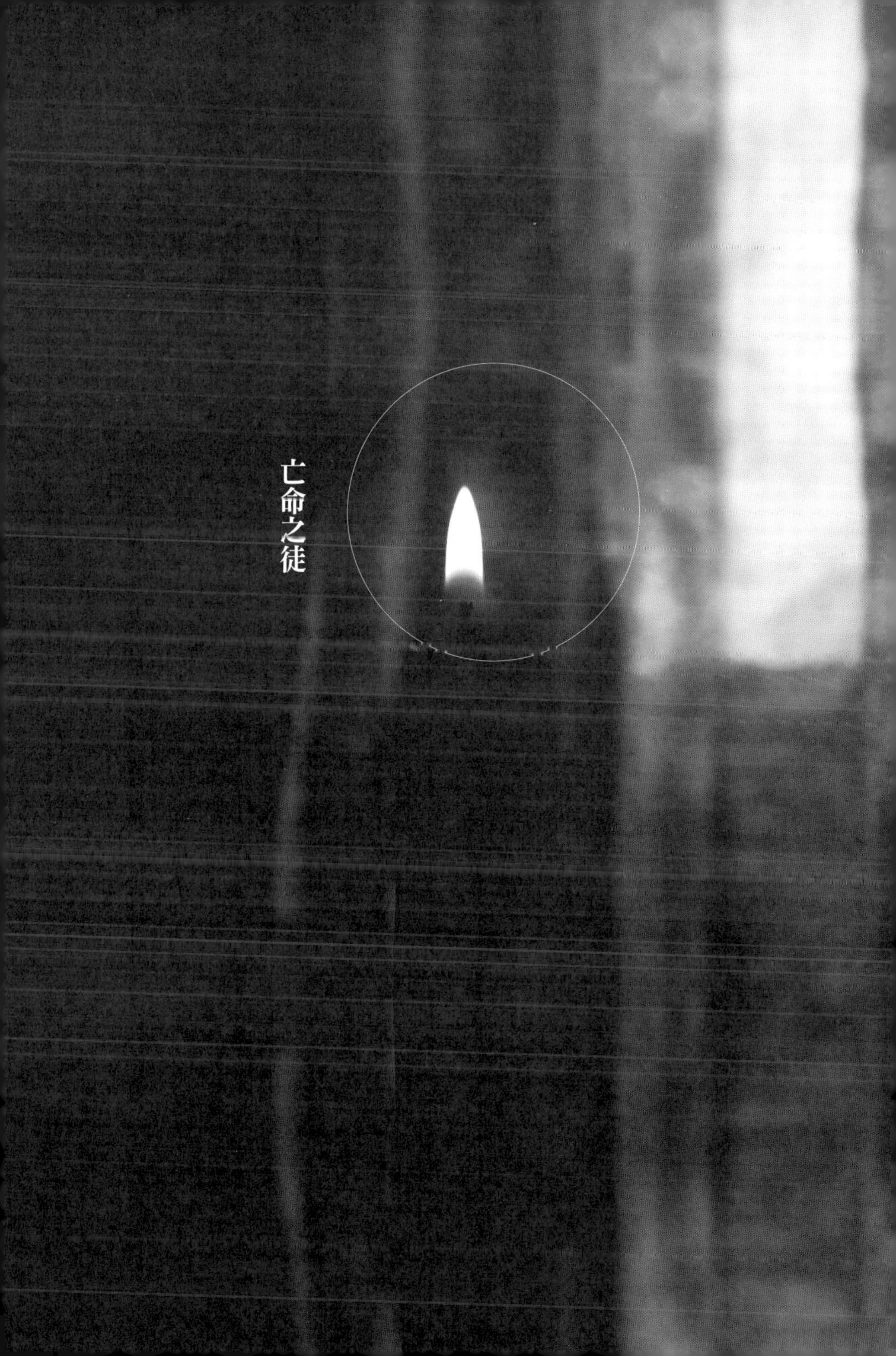

亡命之徒

亡命之徒

一條細流，從自己掌中涔涔流下。恍惚間，他想起了幼年住處旁那條細細的小水溝，以及父母與自己三人，沿著小水溝放弄紙船的短暫歡笑時光。生命中也曾有那樣的日子啊。

掌中流下的，卻是一條血之細流。從右手緊握的短鐵鎚末端，淌流過鐵製的葫蘆形鎚體、鋸短的木柄，在不平整的鋸口處匯聚，滑入他的手掌內，再沿著手腕緩緩往下，從肘尖滴落。滴落在倒臥地上的軀體之旁，與上半身側的一灘深紅、黏稠的液體，匯凝合聚，回到它的來處。

如果流下的血是他的就好了。

倒臥在血泊中的白皙軀體，在上身寬大的黑色搖滾T恤下，僅著一條黑色蕾絲內褲；下腹部與臀下、大腿側的妊娠紋略略明顯。內褲看起來頗新，在恥骨兩側特意做了透膚設計，顯然在外觀上有目的性的訴求。對比之下，黑色T恤也就更顯褪色破舊。

那黑色T恤對他而言已是太過熟悉：上面印著四人一組，做美國西部匪徒裝扮的灰舊色調照片；懸在四人組合上方的則是樂團的名稱EAGLES，以及專輯的名稱－*Desperado*。

是《亡命之徒》吧？他還記得。是用那張搖滾專輯的封面照片所做成的搖滾紀念T恤。而那首歌，是自中學開始就與學習無緣的他，唯一設法辛苦查字典自行翻譯，並將中英歌詞牢牢印在腦海內的英文歌曲。

Desperado, why don't you come to your senses?

十數年前聽到開頭第一句，就有種靈魂被狠狠戳穿之感。待到查完字典，理解整首歌曲的意涵時，也隨之在最後一句*You'd better let somebody love you, before it's too late*的鋼琴聲中，泣不成聲。

當時陪伴在自己身旁的，正是現在倒臥在血泊中的她。唯一一個自己能在他人面前表達憤怒以外情感的女性。他的Queen of Hearts。

四年的婚姻，在孩子滿三週歲的隔日，正式告終。他總是堅持用自己的方式表達愛意：把自己對妻子的限制當作呵護，只想一肩扛起所有的重擔——無論是經濟、家務或情感，渾不知當自己把憤怒當作愛意表達的同時，也漸漸讓伴侶心灰意冷。妻子漸漸無語，他卻只記得自己從未對妻女動過手——就像個真男人一樣，默默忍受一切。

我什麼都不要，都給你；但孩子必須是我的，否則誰也走不了——離婚時的他是這樣說的。雖然雙方都知道：他並不是真的要這孩子，也未必真的適合教養這孩子，就只是必須留下一道羈絆。

因為他放不開她，卻又拉不下臉來求。

或許是出於某種理解，抑或同情，她接受了他的要求，並且開口要了那件老鷹合唱團的亡命之徒黑色T恤。他很大方地給了，渾然不知她是如何體貼著他的心。

他總以為，那件黑色T恤就象徵著未來的某一天，他們一家三口還可以重新築起，一個像樣的家庭，這樣他就不會是一個命定的家庭失敗者，如同他父親離去時燒烙在他視網膜的背影一般淒涼。

往後九年間，如同鐘擺一樣，他忠誠地往復工作，帶孩子，每週通電話，隔週把女兒送去跟她過週末，甚至時不時塞錢給女兒，要她轉交給媽媽，滿心想著那件黑色T恤。畢竟離婚之後，他們斷斷續續又在孩子不知情的狀況下，發生過好多次關係。雖然她從未真正鬆口答應什麼，但這個家庭重新建立，於他而言，只是時間的問題。

直到這一次，開著計程車載著剛上國中的女兒前來例行性的會面探視時，他在車上目睹了一個男性從她家樓下鐵門走出，而她在三樓窗口向他揮手道別。那個滿臉不捨的她，揮手時穿的正是他的黑色T恤。

胸口的四人組幾乎已經褪色，但他一看便知。

怒火中燒的他等男人走了，匆匆停了車，讓頭戴耳機、雙眼盯著手機不放的女兒留在後座，順手抄了擺在副駕置物箱裡的鋸短葫蘆鎚藏進外套。關上車門，他拿女兒的備用鑰匙開了樓下鐵門，便衝上三樓，砰砰砰用拳頭敲起鐵門來。

「小惠嗎？爸爸走了嗎？」來開門的她，穿的正是他剛剛在樓下看見的黑色T恤。隔著鐵門柵格，他隱約看到她下身只穿了件黑色內褲。「你先開門，我有話跟你說，小惠的事，很急。」右手在外套內握緊了短鐵鎚。

她不疑有他，連忙開了鐵門讓他進去。他進屋之後，接連衝往臥室與浴室看了一眼，腦中彷彿聽到一陣碎裂聲響。一句「怎麼了」她還來不及問出口，隨著他連續幾聲「為什麼?!」，她最後終於倒地。

之後他只記得自己不斷地問「為什麼」，直到聽見門口傳來一聲稚嫩的尖叫聲，他才回過神來。

You'd better let somebody love you,
before it's too late.

可是，要怎麼做才能正確地讓別人愛我呢？在太遲之前？

現在，太遲了吧？他怔怔地看著手中的鐵鎚。

門口的小惠怔怔地看著他，隨著止不住的淚水，跪坐在地。

「請問……你是黃律師嗎？」

稍嫌稚嫩的女聲伴隨突如其來的問題，從身後左方竄出，迫使他在事務所樓下的鐵門前，停下了腳步。結束了疲憊的一天，原本正準備上樓，把「適量」威士忌加入手中大杯冰咖啡的他，頓時大感尷尬，只能緩緩側轉過身，看向聲音的源頭。

居高臨下，與來者對望兩秒後，他仍不改一派面無表情，始終默不作聲。雖然看盡世情、閱讀人的能力超群，但有時他仍改不了這個自欺欺人的毛病——難免一廂情願地以為靠著一張沉默的撲克臉，就可以避開接下來即將發生的事。

他不想開口，有著太多理由。其中最重要的是豐富經驗所匯集而成的直覺：來者只要有這樣的開場白，絕大多數都是麻煩事。而且，來的人年紀愈小，麻煩往往愈大。

「律師……叔叔，」目測約一百六十公分，估計是中學生的女孩，見他始終不發一語，終究還是鼓起了勇氣，怯生生地上前一步，看著他說道：「律師叔叔，你可以幫幫我爸爸嗎？」

「這位……小姐，」他刻意用禮貌拉開了距離，略微清清喉嚨，「我不認識你，不知道令尊是誰，」頓了一下之後，搖搖右手保冰杯裡面的冰咖啡，讓冰塊發出喀啦碰撞聲。「但我滿確定我應該不是你要找的人，現在也不想被打擾。我很累了，只想好好喝杯咖啡。請回吧。」

舉杯啜飲一口手中的冰咖啡後，他回過身去，準備開門上樓。

「真要找律師的話，網路上很多。有經營自媒體的，有標榜司法官轉任、跟法檢和傳統媒體關係良好的。一個比一個厲害，都是萬法皆通。找他們比較好。」他一邊掏出鑰匙，開啟鐵門，終究還是忍不住，咕噥了兩句。

「可是沒有人要接啊！死刑案件，我問過的律師都不接……更何況……更何況……」

「更何況什麼？」靈光一閃，他頓時想起今天經過捷運外時，大樓外牆LED螢幕播送的重點新聞摘要，「更何況社會觀感不佳？難道你爸被控強制性交殺人，即將面對公民法官審判？」

雖說只是短短一則重點新聞，電視台記者確實沒辜負專業編輯下的「公民法官上路　真能制裁強暴殺人魔？」的聳動標題，再在犯罪現場樓下用誇張語調把所謂的「犯罪過程」加油添醋、栩栩如生地演了一次，彷彿自己親身經歷、僅以身免。似乎這一切只要在標題末放一個問號，就可以全被合理化。

「你……你怎麼知道？」少女的訝異之情，溢於言表。

黃粱暗嘆了一口氣。怎麼會不知道？死刑案件之重，犯罪者公敵形象之劣，輿論煽風點火，再加上法官、檢察官面對公民審判制度所刻意形塑的競賽式審判環境、高壓的工時、極低的報酬……種種對辯護人不友善的因素結合，哪個頭腦正常的律師願意接案？

尤其本案，是在這個國度為了挽救司法低落聲望而實施「公民法官」審判制之後，第一個以強制性交殺人罪名遭提起公訴的案件。事件之初，媒體早已報導得沸沸揚揚，連被告身為單親爸爸，過往少年時期的家暴與物質濫用史等私密資訊，都透過「訪談被害人家屬」的手法予以公開。

「我怎麼知道的，不重要；重點是，我不想接這種麻煩的案件。你放心，法院會指派公設辯護人的。」黃粱不容情地說道。

「我查過了，可是，我聽說公設辯護人都──」少女愈說，聲音愈小。

「理論上雖然是辯護人，但他們實際上就是領死薪水的公務員，」不等少女說完，黃粱接著打斷，「所以他們也有負擔過重，以及長期工作下來累積的漠然心態。說穿了，就跟所有工作一樣，有好人、有壞人；有認真的，有不認真的。跟大多數法官、檢察官沒有兩樣。希望這些人長期燃燒熱情，基本上不太可能。」

雖然對這個國度的司法實務有相當程度的失望，但他仍不願意一竿子打翻一船人，或許也為了說服自己保留心底一點幽微的希望之光。

「或許你們有機會遇到像戲劇裡的那種公辯吧，願意為當事人上山下海，窮盡一切手段調查證據跟辯護，說不定。」黃粱把自己的表情隱藏在騎樓的陰影之下。

「可是我爸爸是無辜的！」

「你知道無辜兩個字，在司法之前有多不值錢嗎？」黃粱想這樣告訴少女，但他沒有。

「……上來吧，你說說看。但我不保證接案。」他沒能說出口的是：辯護律師最怕無辜的當事人。

兩人的身影，沉重而無力的步伐，一前一後，一重一輕，融在樓梯間的黑影之內，不復可分。

兩個身穿深藍制服的法警帽簷壓低、面無表情，一左一右地夾在他身側，後方距離約一公尺左右，跟了一個看起來更資深的法警戒護，猶如他隨時都有脫逃風險。實則，他根本沒有任何脫逃的念頭——孤獨行走於世，這世間對他而言原本就已經如同一座巨大監獄，現在只是把囚禁的範圍縮小、不自由更加貼身而已。

而不自由，原本就是貼身般的無所不在。

話雖如此，這種在意識層面遭到緊密監控的具體不自由感，再加上身上的手銬、腳鐐帶來的冰冷沉重的現實感，隨時提醒著他自己的身分。就連從法院地下拘留室走通道進法庭這短短一段路，似乎也不斷在提醒著，他的身體與自由，其實不屬於自己。

人或許沒有真正自由的一天吧，難怪宗教老是在販賣「解脫」，他心裡想。

他對這種現況並沒有什麼特殊的不滿。只是，身體有它自主的感覺，這跟心緒感受如何運作，有時可以是完全平行的兩條線。

畢竟，他是一個遭公訴求處死刑的無赦之人。在檢方有技巧（說真的其實也沒什麼技巧）地把輿論眼中肥美多汁的偵查內容，如同廟口香腸般切片式地洩漏給各家媒體進行創作大賽後，廣大的民意似乎都是一面贊同求處死刑之聲，而真正去了解案情內容的，卻是寥寥無幾。

也有四處出征，去留言攻擊或撻伐那些不支持死刑或者主張慎重思考的言論，動輒要姦殺別人全家的那些人。當然，也是以正義之名。

不管案情的證據有無，似乎只要是牽扯到性、未成年人或弱勢族群，甚至小動物的事件，在這個正義感過剩的社會與廣大國民的眼中，原本就是無疑會被認定為該死的罪名，必須在一時三刻之內作成結論，然後找出處刑的對象。

他很清楚，是因為他自己也曾經這樣想，因為他一度也覺得自己深具正義感。人民怎麼可能會是不義的？自己又怎麼可能會是不義的？

他還記得在國中時期，某次在友人唆使下吸食安非他命後，看到電視上正好播出一則涉及強制性交的犯罪新聞，一面感到莫名憤怒、攻擊性大發，不斷用拳頭用力捶著木桌，大聲咒罵著三字經，詛咒犯人應該如何將其生殖器用美工刀一片片割下，任其痛苦流血至死；自己一面卻出現勃起的矛盾狀態。

這種矛盾，只有他自己知道。

以性方面的互動而言，他並不想、也從未強迫過任何人。他自認為是一個「男子漢」，是站在正義一方的「正常人」，只是偶爾情緒難以控制而已。義憤填膺，這不正是雄性與正義的象徵嗎？

可是，當年的那個少年就是莫名感到興奮了，在看到了那樣自己都認為下作、該死的新聞之後。

那，在別人的眼中，現在涉案的自己也該死嗎？或許吧？如果真的強暴並故意殺害了一個人的話？

問題是，他真的不記得事情是怎麼發生的了。他甚至不確定其中的一些事有沒有發生過。

●●●

從五歲起就不斷目睹生父對母親再三施暴、然後自傷的陳志清，一直活在自己無法理解的恐懼之中。之所以說無法理解，是因為：慣性施暴的父親一再強調自己不打小孩（事實上也確實沒有打過他），甚至連受暴的母親都告訴他，爸爸不會傷害他，要他不要害怕。

幼年的他，不確定這是怎麼樣的狀況。但內在的抽離現實與外在的漠然，是可以很快學會的一種心理防禦技巧。

及至國小高年級之時，他甚至已經可以在父母大吵、大打出手的夜晚，無感入眠，不再像以前一樣哭泣、顫抖直到天光。但他還是感受到自己的內心深處有一種無以名狀的恐懼。

那股恐懼的氣味縈繞，跟一般基於未知的恐懼不太一樣，混雜著些許寂寞的味道；這尤其令他感到非常不舒服，而且那股氣味，直到他成年，始終未曾褪去。

好像身邊所有人隨時都預備好戳穿他赤裸的靈魂、破碎的家庭與不幸的童年，直接揪出他的本質行將是如同生父一般的一個失控施暴者，對整個世界都憤怒，於是同時傷害著身邊的所有人，並且貪婪地切割著自己，以此證明自己不是壞人一般。

他不能、也不應該被看穿。他和父親不是一樣的人。他不能被看不起，他不會因為施暴所掩藏的寂寞氣息，而任由自己懦弱。

雖然長年對母親施暴，但卻從不對他動手的父親，某次對他講了一句話：「我不打你，是因為希望你長成一個男子漢。你犯了錯，是你媽沒把你教好，我讓她負責。你要記得這個教訓。」

不知怎的，當時只有小學高年級的他，因為這段話而感到一陣暈眩。他也曾試著在父親對母親施暴之時，奮力撲上前去，卻只是換來母親傷得更重的後果。但那句「希望你長成一個男子漢」竟然就這樣掛在他的心上，雖然他不知道該怎麼做，也不希望母親再因為他，或者因為任何理由，而遭到暴力相待。

直到剛上中學的某天，又經歷一個喧鬧、破碎的夜晚之後，從房間冷然走出的他目睹了以往所未出現過的景象：滿屋、滿地都是一灘灘血跡，以及在一旁靜靜收拾屋內殘局的母親。他一反常態，慌張地往前查看母親身上的傷勢，正要抄起電話叫救護車，卻遭到母親以手勢阻止，異常溫和地說道：「血不是我的」、「以後不會有人打我了」。

多年後，他才從母親口中知道：那夜在一番劇烈爭吵與相互動手後，母親對生父宣告將離開的消息，生父憤而持刀割刺自己身上多處相脅，母親卻只是冷然問生父：「接下來要殺我嗎？殺小孩嗎？這就是男子漢嗎？」直到生父渾身是血，棄了刀，低頭走出家門，從此不見蹤影。母親訴說這段往事的時候，臉上毫無表情，渾如事不關己。但陳志清知道，那一夜的母親已有「萬一」的準備。

只是，他心中竟然悄悄地為了父親的遭遇而感到一絲絲難過。他覺得感到難過是不正義的。他不知道自己為什麼竟然會同情一個長年施暴者。他只知道從此再也沒有人能教自己該怎麼樣做一個男子漢。

他一直不知道，自己這麼需要一個父親。直到他面對情感的土崩瓦解，猶如土石流一般傾瀉而下，終於把自己掩埋在內。

●●●

厚重的木門打開。人未現身，法警已經用軍隊值星般震耳欲聾的口吻與聲量大喊：「起立！」黃粱皺了皺眉。審判長在前，兩名陪席法官與六位公民法官、兩位備位公民法官在後，佇列魚貫而入。

在法檯之下轉身面對入場法官的黃粱，持續觀察眾人的面部表情。不知是否經過審判長告誡法官不應喜怒形於色，多數公民法官入庭時斂目垂眉、只是亦步亦趨地跟在職業法官身後。話雖如此，還是有兩位在入庭時看了在庭的被告一眼，微皺了眉，露出嫌惡之色。另外有位公民法官入場後，則是用好奇的眼神看了看被告席與辯護律師，在目光與黃粱不經意地交會時，還微微用旁人難以察覺的極微幅度點了個頭。

這一切雖然只在一瞬之間，黃粱卻看得一清二楚。

法官入庭、尚未就坐前，頂著三分頭、枯坐在被告席上的被告，手銬、腳鐐都尚未解開——這在公民法官的眼內會是如何一番光景，不言而喻。在公民法官制度上路之前，一般刑事司法實務操作多年，對「被告在庭」的處理方式早已形成慣例：雖然《刑事訴訟法》本於無罪推定原則早已明定「被告在庭時不得拘束其身體」，傳統實務仍會讓重罪被告戴著戒具坐在庭內，等到法官、檢察官入席、開庭行禮完畢，眾人輪番坐定後，法警才會把戒具解開。

法警開庭「審判長好！」一聲大喝，硬生生把芾粱的思緒拉回辯護人席。目光抬起，他眼見法警對審判長行軍事舉手禮，陡然浮現一種今夕何夕的荒謬感，差點以為還在戒嚴時期。

眾人隨著審判長與合議法官群坐下，紛紛坐下。

「書記官朗讀案由。」

「本院二〇二四年公審重訴字第四號強制性交殺人案件，於二〇二四年十二月二十五日上午九時三十分，在本院公民法官第一法庭公開行審判程序。」

審判長煞有介事地清了清喉嚨後，開始對被告與訴訟關係人進行人別訊問，釐清人別與個人資訊無誤後，按照慣例諭知委外轉譯，以便審判筆錄可以詳實記載，各方可以自由陳述。之後，便請檢方開始陳述起訴事實及所犯法條。

檢察官席前、後兩排，一共坐了三位檢察官。陣容當中，年紀最輕的女性檢察官聽見審判長諭示程序，便起身開始朗讀起訴書內容：「一、犯罪事實：詳如華真地方檢察署二〇二四年四月七日二〇二三年度偵字第四七八六四、五二一一二六號檢察官起訴書。第一點，兩人相識背景介紹——」

「異議！」黃粱的聲音，陡然打碎了法庭上的和諧風景。審判長有那麼一瞬間，對辯護人怒目而視，但隨即恢復到面無表情的狀態。

「辯護人，你異議什麼？」審判長的語氣有著壓抑下的刻意平板，但其中的不悅仍明顯透露出來。

「審判長，」黃粱起身說道：「異議兩點。」

「第一、檢方起訴書有嚴重的『餘事記載』瑕疵，寫了一堆跟本案犯罪事實無直接關聯，也無證據支持的傳聞，純粹是要操弄法院跟媒體的情緒，有極高風險造成公民法官的偏見，形成預斷。辯方已經依法向貴院聲請三次，請貴院裁定命檢方修正，但貴院到現在還沒裁定，因此，辯方不得不依《刑事訴訟法》第二百八十八條之三對貴院怠於裁定提出異議。」

看了看法檯後合議庭法官的臉色，黃粱心裡暗暗覺得好笑。

「……第二、貴院明知起訴書內容在法律上可能違法，卻還是容許檢方在公開審判期日提出這些有違法之虞的偏頗內容，辯方不得不懷疑貴院是不是已經受到檢方影響，對於本案產生偏頗的心證，」黃粱環視全場，「因此辯方也對貴院容任檢方違法朗讀起訴書，指揮訴訟有所偏頗等，依法提出異議。」隨即坐下。

「辯護人！這是我的法庭，是追求真實正義的地方！請你不要用這些訴訟伎倆干擾我的訴訟指揮！」審判長制止道。

「審判長！」黃粱說道：「就憑你這句話，加上貴院職業法官同時處理本案被告的強制處分延押裁定，顯然心證已經在該處分程序當中受到汙染。辯方認為本案的狀況已經符合憲法法庭新近憲判字第四號判決當中所討論有關前審迴避事由的狀況，為了維護被告的審級利益，顯然有依法自行迴避的必要。」

說到這裡，黃粱暫停了片刻，環視法檯上的眾人。除了三名職業法官的神情或面無表情、或面露輕蔑外，其他公民法官與備位公民法官都是一臉狐疑之色。

「除了依照《刑事訴訟法》的自行迴避事由之外，審判長，你本人在本案開始之初，就打電話到我的事務所來，質疑為何被告不認檢方起訴的強制性交部分罪名，偏頗心證過於明顯，因此我認為貴院法官執行職務也顯有偏頗之虞，依法聲請貴合議庭迴避！依據為《刑事訴訟法》第十七條第八款，以及第十八條第二款。同時請貴院依法停止裁判！」

審判長的容色由驚怒轉為悻悻然，與左、右兩位陪席法官商議片刻後，說道：「既然辯方聲請本院迴避，那麼我們今天程序先到這邊，讓法院有時間處理迴避裁定！退庭！」

法警連忙從隔開審判區與旁聽席的木製柵欄後奔出，大聲喝道：「起立！」準備向審判長行禮之時，審判長卻已逕自領著陪席與其他公民法官起立，從法檯上緩緩依序回到連接評議室與走道的空間。所有公民法官都是一臉狐疑之色，似乎完全不知道剛剛在法庭上究竟發生了什麼事。

坐在旁聽席上的人，在一段不知道該不該站立的尷尬空檔後，紛紛交頭接耳起來。

公民法官庭審判程序的第一天，就這樣落幕了。

●●●

「本案接續審理。」審判程序的第二日，以審判長充滿決心的聲音展開。

雖然說是公判程序第二日，不過，由於黃粱在前次審判期日提出多項法定事由、當庭聲請合議庭迴避之故，因此合議庭所屬的法院，必須另外分案給另外一組法官針對迴避聲請進行裁定，因而又過了一週的時間。至於黃粱的迴避聲請，自然是遭到全面駁回。

黃粱的訴訟經驗極為豐富，當然知道聲請法官迴避成功的機率絕對比登上聖母峰還低。所謂「官官相護」雖然是句司法實務工作者沒有一個人願意承認的老話，但卻也是流淌在司法血脈中的鐵錚錚事實——幾乎不會有法官甘冒大不韙，去裁定跟自己在同法院工作的法官同事「應該迴避」的——哪怕是即將離去公職、轉任律師的法官，也決計不會跟自己離職後的生計過意不去。

畢竟，司法實務工作的世界極小。一旦得罪過某些人，日後自己或者當事人便很可能因此受到連累。反正，在自由心證與審判獨立的保護傘下，也幾乎沒有人能成功地從判決內容或審判程序中，去證明法官對於特定當事人或辯護人存有敵意或偏頗不公。

黃粱之所以甘冒風險，自然有他在訴訟策略上的必要理由。他知道用這些理由聲請迴避，依法一定會造成暫時停止審判的結果。如果再把分案與撰寫駁回裁定的時間計入，大致上可能就要一週。而光這一週的時間，便已經足夠黃粱去設法理清在證據開示之後，檢方所提供證據當中未能理清的一個重點。

被告的生死，可能就在此一舉。

「首先，本院要向各位公民法官與備位公民法官致歉。」

審判長用一種過於和藹的宣示性音調說道。

「新的公民法官制度原本應該著重在審判順暢進行以及慎重照料各位公民法官，進而提升對司法的信賴，」他暫停了片刻，將目光投射向辯護席，「沒想到卻因為某些人的失職，讓各位公民法官看到司法界的種種混亂，實在是非常失禮。」

說話時，他的眼睛毫不避諱地看著黃粱與被告。公民法官們當然也接收到審判長所希望傳遞的非語言訊息。

「本院已經依照法定程序，駁回了聲請本合議庭迴避的裁定，」審判長用一種勝利般的語氣說道：「無論接下來的程序事項如何，或者任何一方當事人利用什麼伎倆，都不能阻撓本院陪同各位公民法官追求本案真相與正義的意志。各位可以安心審判。」

「至於辯方前次審理期日的聲請事項，」審判長用一種理所當然的語氣說道：「除了已經被駁回的迴避聲請之外，辯方在前次審理期日主張的所謂檢方起訴書記載法定必要事項以外、會影響法官心證的說法，或者本院指揮訴訟有所偏頗的種種技術性異議等，」審判長特別停頓了一下，看了看法檯下的媒體席，用一種近乎演出般的語氣繼續說道：「本院認為顯無理由，均無理由！全部予以駁回！」

「本院也要藉此機會告誡被告與辯方：如果再次無故遲滯本案審理程序，沒有堅強的法定理由與具體的證據，就隨便提出異議的話，那麼本院會考慮將辯護人移送懲戒！請辯護人自重。」

台下的媒體記者聽到這裡，一片鍵盤劈啪聲不斷，群情興奮。人在辯護席的黃粱，則是一臉置若罔聞，彷彿與自己全無關係。

倒是原本全程低頭、面無表情的陳志清，這時也不禁皺起眉頭，先看了一眼法檯上的審判長法官，然後轉頭看了一眼辯護人。雖然自己是不想活了，不過這辯護人還真是沉得住氣啊。

彷彿是為了彌補先前所流逝的時間一般，審判長緊接著命檢方朗讀未經修正的起訴書全文，緊接著則是由檢、辯雙方輪流進行開審陳述。

檢方利用開審陳述的機會，把原本應該不帶推測或辯論色彩的出證計畫說明時段，連說帶演、如泣如訴地拿來強調被害人與其家庭種種值得同情之處，不斷誘發台下旁聽席的種種驚嘆之聲，甚至有啜泣的聲音。過程當中，辯方提出了一次異議，更是在未及說明法律上理由的狀態下，便迅遭駁回。

輪到辯方進行開審陳述之時，辯護人黃粱起身，剛說到「無罪推定」四字，連辯方希望調查的證據內容尚未提及，檢方便已起身異議。「異議！」梳著油頭的主任檢察官以一種表演般的語調起身說道，一邊揮舞著雙手。

「審判長，開審陳述的功能是舉證地圖，也就是要告訴公民法官接下來要提出哪些客觀的證據，而不是法律教學。」檢察官用一種獻媚般的語氣說道。

「對公民法官進行審前說明，以及在審判中解釋法律概念，那是貴院的職責；我搞不懂辯護人為什麼要以為自己是法官？還是辯方覺得公民法官們太笨，必須由他來進行教學？」油頭檢察官清了清喉嚨。

「其次，辯方主張聲請調查的證據，都已經被貴院駁回了！那還有什麼開審陳述的必要嗎？」

黃粱還未及回答，審判長語聲已落。「異議成立！」

審判長的目光隨即射向辯方。「辯護人，你第一天當律師嗎？還是對法律不熟？你不知道開審陳述的本質是出證地圖嗎？還是你想暗示本院的法官與公民法官的公民教育有問題，都不知道無罪推定的意思？與本案犯罪事實無關聯性的事情不要浪費時間！」

未及黃粱回應，審判長連珠砲般又說：「對了，為了維護被告與辯方的權益，節省辯護人時間，既然本院對於負擔本案舉證責任的檢方所聲請調查之證據都已經裁定，那麼本院在此也對先前辯方在準備程序當中聲請調查的證據項目，一併裁定如下，」一面說著，一面露出微微扭曲的笑容，「以免辯護人又要誤會我們有偏見。」

「有關辯方聲請調查的證據事項，除了鑑定人針對犯罪動機部分的調查准予對精神專科醫師主詰問，以及聲請被告的未成年女兒作為量刑證人之外，其餘均駁回。理由是：與本案待證事實無關聯性，顯然無調查必要。」審判長略作停頓，似乎是在等待台下的媒體席抄寫記錄裁定重點。

「至於檢方在本案聲請調查之證據，考慮到檢方負擔本案實質舉證責任，以及本案起訴罪名為強制性交殺人，屬於死刑或無期徒刑之重大犯罪，因此檢方聲請的證人，包括犯罪現場鑑識人員李偵查佐、進行解剖並製作報告的施法醫師、由檢方囑託鑑定的吳精神專科醫師，以及在現場附近的目擊證人林敏浩先生等四位，均予准許。」

說到這裡，審判長滿臉笑意地看著黃粱，說道：「辯護人，你看，本院這不是在維護你主張的無罪推定原則嗎？」一面說，一面抖了抖手上的書面裁定正本，「既然我們大家都知道要推定被告無罪，你這邊也主張被告部分無罪，依照論理法則，現實上是沒辦法證明被告沒有犯罪的，你說對吧？那你聲請的六項證據，無論是要證明被告沒有強制性交，或者是想證明被告沒有殺意，都是做不到的。那自然跟本案犯罪事實沒有關聯性了，不是嗎？」

黃粱並不爭執，只是歪了歪頭、聳聳肩。

「不過呢，本院本於法院中立原則，特別顧慮到：既然檢方已經聲請傳喚鑑定人精神專科醫師到庭交互詰問，那也就准許辯方在犯罪動機的範圍內，對鑑定人做主詰問了。至於其他證人，你依法進行反詰問就可以了。」法官說完後，笑咪咪地加了一句：「本裁定不得抗告。」

來，書記官，把書面裁定正本交給當事人。」

「辯方還有什麼意見嗎？儘管說，不用客氣。」

「沒有了。」黃粱微笑說道，雙手一攤。「開審陳述跟證據調查都被你貴院沒收了，我還有什麼好說的。不過……」

審判長頓時緊張起來，心想辯方又有什麼怪招要出。「不過什麼？」

「審判長，我的開審陳述還沒結束吧？總可以讓我在貴院裁准的範圍內講完吧？」

「嗯……」審判長略微沉吟，下定了決心般說道：「你講吧。但是不可以提到本院准許以外的證據範圍！」

黃粱翩然起身，走向公民法庭正中，微微欠身鞠躬之後，再度開口。

「包含各位公民法官在內的各位法官，辛苦了。

「無論各位聽不聽得懂剛剛、以及前幾次，審、檢、辯三方在討論什麼。我接下來要講的，很簡單，只有幾句話。

「檢方主張被告對被害人先強制性交之後，再狠心將之殺害。並且要舉出犯罪現場鑑識人員、負責解剖的法醫師、鑑定的精神專科醫師，以及現場所謂的目擊證人來證明。

「那我們辯方呢？主張被告根本沒有強暴被害人，也並不是故意殺害她——也就是沒有殺意。不能舉證？沒有關係。」

黃粱舉起了右手的四隻指頭。

「辯方在此預告：我們將會擊潰檢方的所有證人，證明這四位證人，要不是不知道自己在講什麼、根本不可信，要不就是陳述的內容其實對被告有利。

「因此，我誠心請求各位張大耳朵，保持開放的心，在交互詰問過程仔細聆聽。這樣就好。謝謝。」

說完一轉身，便往辯護席走去。

審判長接著說道：「開審陳述結束，請檢方出證！」

●●●

接下來的出證程序，辯方確實遵守了在開審陳述時所提出的承諾。

第一位證人，是由檢方聲請的犯罪現場鑑識員，偵查佐李明元。首先由檢方進行四十分鐘的主詰問。

雖說是主詰問，檢方實際上利用這段時間，連表演帶誘導地讓李偵查佐播放並講解他自行製作、內容充斥現場血跡放大照片的所謂「血跡噴濺分析」，並把講述的焦點集中在「犯罪現場的慘狀適足證明被告手段之凶殘，殺意之堅決」這件事情上。

而黃粱的反詰問，相對之下來得直截了當：第一部分問出了李偵查佐所負責的職務，根本不是血跡噴濺痕的分析專家，而是犯罪現場攝影員；本案也沒有送過血跡噴濺痕的分析鑑定。換句話說，辯方證明了李偵查佐並不具備針對血跡提供意見的基本資格。

第二部分，辯方則是利用李偵查佐在主詰問當中所製作的簡報檔照片，逐一逼問當時的「每一處血跡是否能反推凶器揮擊角度」，以及「凶器揮擊角度能否反推出加害者的身高以及真正身分」。最終也迫使李偵查佐以「資深警員」的身分承認：依據警校訓練以及當代鑑識科學的理論，事實上並無可能從現場血跡反推出上述兩個問題的正確答案——更何況，現場無論是在被害者身上或室內其他處所，完全沒有找到與被告相關的微物跡證。

至於第三部分，黃粱只用了一個問題，就讓現場啞口無言：「請問你在今日到庭之前，是否曾經與檢察官碰面開會，並接受指導，告訴你今天在法庭要講什麼，以及如何呈現？」檢察官席的眾人，首次露出了慌亂的表情。

對於《刑事訴訟法》與《公民法官審判法》規定並不熟悉的李偵查佐，渾不知問題所欲彈劾的對象是證人的可信度，也只能在具結的狀況下給出肯定的答覆。

接下來的第二位鑑定人兼證人法醫師，以及第三位鑑定人兼證人精神專科醫師，也都在黃粱強力主導的反詰問之下，在公民法官面前合計承認了五個重點：

第一、「從被害人遺體的傷勢，其實無法回推殺意的有無或強弱；法醫師的工作依法是判斷死因，因此也並不包括推斷殺意或凶手。」

第二、「本案在被害人遺體陰道內採集到的男性精液，其實因為採集與保存的技術問題，導致無法確認是否與被告的ＤＮＡ型吻合。」

第三、「被害人遺體陰道內有輕微的挫傷，因此可判斷生前有過性行為；但是該挫傷的模式與輕微的程度，無法斷定是否為強制性交，也不可能判斷性交的對象。」

第四、「被告幼時確實因為家暴目睹兒的身分，而發展出一種異於常人，容易抽離現實的防衛機轉。並且因此產生對於感情與家庭的強烈渴望。這樣的渴望有可能轉化，以憤怒的情緒或行動表現。至於他在中學時期曾使用甲基安非他命或者飲酒，涉入少年事件等歷史，並不代表被告一定會對情感失望的對象採用暴力或殺害的極端手段。此外，被告供述有關難以回憶起犯罪當時的狀況，形式上符合因為強烈情緒與防衛機轉所產生的解離症狀；而他過往濫用甲基安非他命的歷史更加深了這種可能。」

第五、「法醫師在作證之前一週，也曾經被檢方傳召到檢察署所在地，進行如同李偵查佐一般的『作證指導』，包括如何製作簡報以及陳述內容排練等。但是精神專科醫師則是因為與檢方之間沒有職務隸屬或往來關係，因此拒絕了檢方的傳召。」

換句話說，如果職業法官與公民法官略加注意，大致上確實可能得到兩個印象：第一、本案檢方傳來的證人或鑑定人絕大多數都事先由檢方指導，可信度恐怕有問題。第二、本案除精神醫師之外的證人鑑定人，作證的內容似乎都與自己的專業無關。

當第二天公民法官法庭審判程序結束，問完三位證人與鑑定人，時間已經是下午五點。因此審判長裁定剩下的兩位證人，將在次日早上進行交互詰問的證據調查程序，而下午則進行本案的證據提示、被告的訊問，以及言詞辯論與量刑辯論程序。

公民法官法庭審判進入第三日，準時於上午九點，在法庭大樓四樓的公民法官審判第一專用庭展開。法官入庭時，雖然職業法官還是同樣的面無表情，不過或許是因為連日有大量的法律程序與資訊轟炸，公民法官與備位公民法官入庭之時，顯然已面有倦容。

針對第二日審理程序的新聞報導，僅有一家公眾媒體與另一家專注於從事調查性報導的小眾媒體，針對黃粱利用反詰問程序所問出的證人與鑑定人可信度疑點，以及採集到的精液樣本難以辨識是否屬於被告等，予以著墨。

其餘大多數的媒體，多半仍聚焦在檢方的偵查佐證人與法醫師鑑定人所提出的種種血腥照片、現場慘狀，以及被害人家屬在訴訟參與律師協助下，在第二日開庭午休時接受採訪，對辯護人「使用下流的辯護伎倆，抹黑檢方證人，扭曲事實」所提出的痛切指控。

雖然不確定公民法官們回家是否確實依照法院的審前說明與相關指示，避免閱聽與本案相關的一切傳統與電子媒體的報導，不過第三日審理程序一開始，對於辯方面露不豫之色的公民法官人數，相較於前一日，確實又多了些。

這樣的狀況，確實也在黃粱的預期之內。

原本他針對本案的公民法官審判進行策略規劃的時候，就並不期待公民法官有能力理解現實生活中的訴訟流程、正當法律程序，以及真正的科學證據。畢竟，絕大多數人的正義，是建構在自己所想像的，一廂情願的美好世界之中，既無能力，也不願充實自己去理解司法制度之所以強調「基本原則」與「正當程序」的重要性何在。至於說到證據，大多數人腦中更是頓時充滿猶如電視戲劇一般，「只要是具有某種專業頭銜，講話內容就必然可信」的嚴重CSI效應。

對於公民諸君理解證據法則與科學證據的能力，黃粱原本就無甚期待。

是以，審理程序第二日長篇累牘的交互詰問，原本就不是黃粱計畫的得分點所在——哪怕以專業的刑事訴訟與證據法則觀點來看，他已經透過高超的反詰問技巧，逐一擊潰檢方主要證人與鑑定人陳述的可信度。但他並不期待公民法官們有專心聽，或者聽得懂；更不認為職業法官在帶領公民法官們回到評議室時，會持平地逐一評論當日檢、辯雙方交互詰問的得失，以及與本案的關係。

事實上，自從黃粱在檢方開示的證據當中，發現了檢方自己可能都沒發現的端倪，並且成功利用聲請迴避程序為自己爭取到一週的時間後，他便已經把訴訟策略的重心放在今日預定審理程序的兩個證人身上。

分別是檢方聲請傳喚的目擊證人，林敏浩，以及辯方聲請傳喚的量刑證人，陳悅惠。

•••

「證人林敏浩先生，」黃粱不慌不忙地舉起手中的筆記本，「方才你回答檢察官的問題時，說到你當天在被害人家樓下，親眼『看到被告陳志清拿了鑰匙打開樓下鐵門，氣急敗壞地往樓上衝，外套裡似乎還藏了凶器類的物品。因為擔心住戶安全，所以就跟了上去看看』。請問你當天為什麼會出現在被害人家樓下？」

「我是兼職外送員。那天我正好正職沒排班，所以就接外送單，送東西到那一棟二樓的住戶去。送完下樓正要離開，從機車後照鏡看到被告一臉凶神惡煞的樣子，所以覺得不太對勁，才跟了上去。有外送的接單紀錄可以證明啊。」

「喔，」黃粱緩緩說道：「你說的是列在綜合證據說明書裡面，編號第四十七的『外送員林敏浩提出之外送紀錄手機截圖』這個嗎？」

「對啊。」

「由於是你本人的手機，也是你本人的外送，所以我跟你確認一下，你看看手機截圖的外送單紀錄內容有沒有錯：你當天外送到達的時間，是西元二〇二三年十月二十六日，星期五，十七時零八分。外送到達的地址是：君林市平安區大興路二段一一八巷七號的二樓。點餐的人是一位黃菁銀女士，點餐內容是兩碗人參雞湯跟一份韓式飯捲……是嗎？」

「對啊，你沒看截圖上就是這樣寫的，幹麼明知故問。」

「訴訟程序所必要，跟你確認你的記憶沒錯。所以，你確定你在十七時零八分的時候送達一一八巷七號的二樓，黃女士手上嗎？」

「律師，你這個問題是陷阱題吧？」林敏浩輕蔑地笑了笑，「出來拿餐的不是黃小姐啦，是一個年紀比較大的男性。深紅色油漆的鐵門。我的記憶很清楚，不會亂說的。」

「很好，」黃粱微笑道：「你真的記得很清楚。你應該也知道，你剛剛已經具結了，是不能說謊的吧？」

「知道啊。我哪有什麼理由說謊。」

「很好，」黃粱說道：「你送完七號二樓黃小姐的餐之後，有去別的地方嗎？」

「送完餐之後，我覺得那天大概差不多了，就關掉接單的應用程式，下線休息了。」

「你去哪裡休息？」

「我先回到機車上，抽了兩根菸，看了一會手機短影片，然後不久就從機車的後照鏡，看到被告偷開門進去被害人家裡了。」

「從你關機下線、回到機車上休息，到你看見被告進入那一棟的鐵門內，這段時間內，你有去別的地方嗎？」

「我去了對面的便利商店，買了一罐能量飲料啊。怎麼了嗎？」

「還記得去便利商店買能量飲料的時間嗎？」

「大概就是看到被告進去鐵門內之前的十分鐘左右吧。」

「依據檢方的起訴書，附近的錄影顯示被告在十八時十八分左右抵達，停車後大約在十八時二十分左右進入被害者家樓下的鐵門。換句話說，你看到被告的時間一定就是十八時二十分。所以你買能量飲料的時間，大約是十八時十分左右嗎？」

「差不多吧。誰能記那麼清楚。」

「你應該不知道，檢方調取的當地十字路口交通監視器錄影內容當中，有錄到你吧？檢方附在卷內作為證據的兩段影片中，有一段比較可以清楚看到被告駕車抵達的影像，所以檢方用了這一段。」黃粱不疾不徐地說道。

「另一段影片當中的被告雖然比較不清楚，但從這個角度，你在機車上的身影與行動，卻是一清二楚，」黃粱微微笑道：「要看影片確認嗎？」

「不……不用了吧。」

「這一支不同角度的影片顯示：你是在十八時零八分前往便利商店購物沒錯，」黃粱拿起手中的影片截圖，放大後的兩張照片，「但是在那之前，你並不像你剛剛說的，有在機車上。」

一張截圖照片顯示為十八時零八分二十三秒，林敏浩正要穿越馬路往對向便利商店；另一張截圖照片的時間顯示為十八時零七分十一秒，他從鐵門走出。

「證人，你為什麼要說謊？你十七時零八分就送餐抵達，但是實際離開那棟公寓鐵門的時間卻已經是十八時零七分。這中間將近一個小時，你去了哪裡？」

「異議！」油頭檢察官連忙起身，「與本案待證事實無關聯性！本案審判的對象是被告，又不是證人！」

「審判長，」黃粱轉身面對法檯，「以及各位公民法官，我剛剛已經證明這位證人在說謊，也就是具結後作偽證的犯法行為。他不僅欺騙了各位，顯然也騙過了檢方。」黃粱環視面色陣青陣紅的三位檢察官。

「證據是檢方自己開示的，證人的陳述與卷內的影片時間軸不一致，也是檢方自己的疏漏。」利用審判長在內的法官們因為這個突如其來的轉折而說不出話來的時候，黃粱接續說道：「證人說了謊，難道各位不想知道他為何說謊嗎？各位不是要追求真相跟正義？」

「辯護人請繼續。」審判長沉默半晌之後說。

「你從十七時零八分到十八時零七分之間這將近一小時的時間，人在哪裡？」黃粱逼問林敏浩，「是不是在一一八巷七號三樓，被害人的家裡？」

「我……」

「當天被害人體內的精液，是不是你的？」黃粱冷然問道：「你是不是利用那段時間，在被害人家裡，跟她發生了性關係？證人，請你回答！」

「庭上！」檢察官起稱，「由於證人接下來的回答有可能造成他自己受到刑事追訴，因此請庭上依法再次曉諭不自證己罪的拒絕證言權規定！」

「……證人，你知道嗎？」審判長還沒反應過來，黃粱已經追擊，「檢察官以為他在救你，事實上他剛剛等同在公民法官跟全國媒體面前，宣告你除了偽證之外，還可能是本案的嫌疑犯！」

「審判長！」檢察官席傳出怒吼。

「辯護人！請你自制！本院還沒曉諭證人他的合法權利！」

黃粱轉過身來，用一種似笑非笑的表情看著審判長。

「是嗎？審判長，你要不要調一下這位證人一開始到場，人別訊問與權利告知的筆錄跟錄音？這不是一開始就告訴他了嗎？還是你法官大人現在要幫著檢察官救這個偽證的證人，本案的真正嫌疑犯？」

林敏浩的手舉了起來，「法官大人，我……我可以拒絕證言，對嗎？那我要拒絕證言！」

黃粱再次轉身面對證人，「所以你承認你繼續作證，曾遭到刑事追訴，也就是犯了偽證罪以外的罪嘍！」

「證人已經表明拒絕證言，辯護人，」審判長冷冷地說道：「除了刁難證人之外，你還有什麼要問的嗎？」

「沒有了，」黃粱一面說，一面轉身走向辯護席，雙手一攤，「反正現在DNA技術這麼發達，既然證人已經用行動表達他可能是本案強制性交殺人的嫌犯——」

「我沒有殺人！我們只有發生關係而已！」林敏浩再也忍不住，大喊道：「我沒有殺她！精液是我的，可是我沒有殺人！」

黃粱回頭看了看審判席，緩緩說道：「我問完了，審判長。」

在回到辯護席途中，黃粱看著媒體席忙於記錄的記者們，又特意補了一句：「同時也提醒一下在庭的法官以及檢察官：依照《刑事訴訟法》第二百四十一條，在場的所有公務員因執行職務而知有犯罪嫌疑，是有告發犯罪義務的。還請各位說到做到，別讓嫌犯逍遙法外。」

審判長自然不願搭腔，逕自說道：「接下來，本院依照程序，調查量刑證人。」看了看手邊的資料，說道：「由於證人未成年，為依法保護兒少權益，本院將採用個資隱蔽措施，不宣讀證人之人別資訊，亦暫不載明人別於筆錄。並以A女作為量刑證人之代號。」

一位坐在旁聽席左側前排的少女，隨即起身，走向證人席。

⋯⋯

審判長對證人交代完所有該講的事情之後，轉向黃粱。

「辯護人，在你開始對量刑證人進行交互詰問之前，本院要特別告誡辯方：你原本的證據調查事項聲請當中，同時把A女列為目擊證人以及量刑證人。其中目擊證人部分的聲請，本院已經駁回。因此稍後的主詰問，請你將問題限制在量刑事項。請自重。」

「謝謝審判長，我保證比貴院更自重。」黃粱起身，一面和顏悅色地說，嘴上卻絕不饒人。

法檯上、下的公民法官與備位公民法官，聽到這樣回嘴的方式，竟然有三、四個人忍俊不禁，笑了出來，引來審判長一陣尷尬，不知是該告誡辯護人好，還是該告誡公民法官。

就在審判長猶豫不決之時，黃粱的證人主詰問已然開始。

「證人，你好，我是辯護人黃律師。接下來，我就稱呼您為證人或者A女。」

「好的。」

「我想請教你的問題很簡單：依照你的看法，本案的被告陳志清先生，應該判處什麼刑罰？」

「……」

「證人，你有聽到我的問題嗎？」

「有。我在想怎麼回答比較合適。」

「你想好了，就可以告訴法庭上的法官們。」

「我想好了。」

「請說。」

「我認為被告，不應該接受任何刑罰。」

「為什麼？」黃粱很自然地接著問。

「因為他是無辜的！他沒有殺我媽媽！那是一場意外！我就在現場！沒有殺人，也沒有強暴，為什麼要被處罰?!」陳悅惠突然激動起來。

庭內一陣騷動。

「辯護人！」審判長下意識地對黃粱怒目而視，「不是已經告訴你不可以問量刑以外的範圍嗎？」

黃粱做無辜狀，雙手一攤，「審判長，你要不要看一下書記官打的筆錄，或者勘驗錄音？我問的不就是『你認為要判什麼刑罰』跟『為什麼』兩個問題嗎？」

此言一出，審判長自知理虧，錯在習慣性的敵意投射太快，以至於當庭搞了個烏龍。尷尬之下，遂將怒氣轉向證人身上。

「證人A女！你……」
「法官，律師問我覺得要怎麼判，還有我的理由。我不就是針對他的問題分別回答嗎？我有做錯什麼嗎？你為什麼這麼生氣？」陳悅惠竟是出人意料的鎮靜，一字一句地清晰回答。
「審判長，證人雖然未成年，講得卻很有道理。還是你要當庭回放一下錄音？」
「……算了，辯護人，你繼續吧。」審判長既拿黃粱沒有辦法，又難以將怒氣出在證人身上，一時之間也找不到理由在公眾面前終止詰問，只好放手讓辯護人繼續問。
「證人，剛剛我們被打斷了，問到哪裡呢……喔對了，我問到你認為被告不應該被判刑的理由。你的回答是什麼？」被打斷後，刻意讓證人重複關鍵部分的證言，是交互詰問的技巧之一。
「我說，被告不應該被判刑，是因為他是無辜的。他沒有殺我媽媽，更沒有強暴她。那是一場意外。我當時就在現場的門口，看得很清楚……」
「你在現場？這些話，你有跟警察講過嗎？」
「警察到場的時候，我有想要跟他們講說我都看到了；但是現場的警察叫我不要亂講話，還說我是未成年，和我爸爸……被告又是父女關係，講的話不能當證據，也沒有人會相信我。」

「那你後來有設法告訴檢察官嗎？檢察官有沒有傳喚你到場去作證，查清楚你看到什麼？」

「沒有。我拜託學校老師幫我寫信跟打電話聯繫辦案的檢察官，可是他們聽說是我，和我爸爸的狀況，回應的話就跟警察講得差不多。我的班導師可以作證，我說的都是真的。電話是她帶我打的。」

「那麼，」黃粱環顧法庭一周之後，緩緩地問道：「證人，請你告訴我們你當時看到的所有狀況，好嗎？愈具體愈好。」

「異議！」檢方有兩個聲音異口同聲說道。油頭檢察官起身，「審判長，量刑證人可以講個人的親身見聞嗎？」

「《刑事訴訟法》哪一條規定不行？你告訴我。」黃粱立即反映，「而且剛剛審判長不是已經同意證人陳述她對於量刑的理由了嗎？她現在不就是在解釋她的理由？」

「異議……駁回。辯護人，你們趕快問完吧。」審判長已經不想多做干預。

「證人，請你接著講，愈具體愈好，告訴我們，你在事發當天，也就是二〇二三年的十月二十六日下午，在本案事發地點看到了什麼，因此認為被告不該被判刑？」

所有公民法官無不屏息以待，連兩個職業的陪席法官也將目光投向證人，露出了好奇的神色。

「當天，我爸……被告載我要去我媽家，那是隔週一次的例行性過夜。我在車上因為用手機在看我喜歡的偶像團體表演，又戴上耳機，所以一直到車停下來，又過了一會，才發現我爸已經用我媽給我的備用鑰匙，打開鐵門進去了。這時我看到有一個人從停在牆邊的機車下來，跟在我爸後面進去——」

「對不起，打斷一下，」黃粱溫和地制止道：「那個跟在你爸、也就是被告身後進去的人，今天有出現在法庭嗎？」

「有。就是剛剛在我之前作證的那個人。」

又是一陣騷動。

「好，那個人的名字叫做林敏浩，今天在法庭上說謊之後，終於承認跟你的媽媽有……性關係。等下請你直接用他的名字稱呼他。請繼續，然後呢？」

「我看到那個林……林敏浩跟在我爸後面進去之後，因為覺得不太對勁，又看到我爸車上副駕駛座的置物箱是開的，我就有點慌張，於是就匆忙下車跑過去……」

「為什麼看到被告車上副駕駛座的置物箱開了，你會覺得慌張？」

「因為我爸，被告，告訴過我，他在置物箱裡面放了一支鋸短的鐵鎚，這樣萬一在路上遇到糾紛，才可以自保。也告訴我如果遇到麻煩，可以拿來保護自己。」

「你剛剛說到你跟在林敏浩後面跑過去。然後呢？」

「我媽住的地方沒有電梯，所以我跑進樓下鐵門之後，就拚命衝上三樓。等我爬到三樓我媽家門口的時候，外側的鐵門是打開的，我爸爸已經進去了。我聽到他在屋內跑動的聲音。等我到了門口，內側的木門還沒關上；我在門口不敢進去，看到我爸站在客廳中央，表情好像瘋了一樣，右手拿著短鐵鎚，左手一面用力打自己的頭，一面大叫『為什麼』、『為什麼』……」

「嗯，」黃粱的聲音越發溫和，「證人，你知道為什麼被告，也就是你爸爸，那時候會一直大吼『為什麼』嗎？」

陳悅惠深吸了一口氣。「……知道。」

黃粱做了個「請繼續」的手勢。

「其實我早就知道我媽媽離婚後，有在交男朋友，也知道她不會回來跟我們復合……她都對我坦白了。她說她很喜歡現在這樣的生活，還向我道歉……她也希望我可以找機會跟我爸說……可是我不敢。我怕我爸太傷心，會去自殺。他在我媽剛離開那年，有自殺過一次……那天在我媽家看到我爸那樣，我就知道完蛋了……」娓娓道來，聲調雖然略略發抖，整體竟是不失穩定。

「嗯，我們回到事發當時。你看到你爸，也就是被告，用左手打自己的頭，右手還拿著短鐵鎚，接下來發生了什麼事？」

「我爸他大喊了好多聲為什麼，一邊打自己的頭之後，突然呆住一下，表情也變成好像空白一樣……那時我媽原本拚命在拉我爸的左手，不想讓他傷害自己……我爸的左手被我媽死命抱住，動不了。然後，突然間我爸高高舉起右手的鐵鎚，用力地往自己的右腦太陽穴敲下去……」

整個法庭鴉雀無聲。

「然後呢？」

「我媽放開他的左手，撲了上去，抱住我爸的脖子，然後硬把頭湊到了我爸的右臉……鎚子就這樣打在我媽頭上……血就……血就噴了出來……」講到這裡，陳悅惠已是泣不成聲。

「……我在門口嚇死了，不知道該怎麼辦……然後我聽到背後好像有人報警的聲音……就是那個林……林敏浩……他那時候躲在三、四樓之間的樓梯間……」

黃粱走回辯護席，拿了一包面紙，遞給小惠。

「你剛剛說的這些，就是你認為你父親，也就是被告陳志清，」黃粱轉身面對法官席說道：「不應該被判刑處罰的理由，是嗎？」

「嗚嗚……對……我只剩一個爸爸了……嗚嗚……他沒有殺人……更沒有強暴我媽媽……你們為什麼要這樣誣賴他……我沒有親人了……」

「證人，對不起。我還有最後一個問題……」

「嗚嗚……好。」陳悅惠一面擦拭眼淚，一面抽噎地說。

「如果你講的都是事實，那麼你爸爸確實不應該被判刑，」黃粱頓了一下，「可是，你可以告訴法院，如果你爸爸沒做的話，為什麼要認罪嗎？」

「因為，我爸爸說，他看到那件黑色T恤在我媽媽屍體上的時候，就已經不想活了……」

「我沒有問題了。」黃粱說道。隨後輕輕拍了拍陳悅惠的肩膀，慢慢地走回辯護席去。

他想起律見時，被告反覆說過的那首歌，以及那句……

You'd better let somebody love you, before it's too late.

身旁的被告陳志清，早已泣不成聲。

【後記】

之所以《有罪推定》

寫作跟律師工作最大的相似處，在於以下三點：

兩者都繫於持續不斷的實踐；

盡力到何種地步，只有自己知曉，最終也都必須面對自我的審判；

以及，最終必須從實踐中面對不斷的挫敗與（或許）再起。

唯有如此，在竭盡全力寫作、辦案、面對一次又一次的挫折與失落之後，或許很偶爾地會有那麼幾次，實踐者會迎來一點點無人知曉的、專屬於自己的安慰，也多了些動力，迎向下一次的挫折與失落，一直到有能力與自己和解為止。

黃粱這樣一個小說人物，以及這本《有罪推定》短篇小說集，便是在這些心境與各種體驗交錯之下所由生的虛構書寫產物。

為何《有罪推定》？司法的極限與界線

我在這本小說當中，創造出了黃粱這樣一個苦苦掙扎、集種種矛盾於一身的辯護人，作為各色案件的觀察／實踐者，同時也讓他承擔起部分案件敘事的任務。小說中的各案件，或涉社會司法議題，或涉人性幽微之處，自是不一而足，但本書六篇故事所指涉的司法本質與困境，則頗一致：

現實中的司法，往往是蒼白、無力，而形式化的——雖然它不必須如此，但當代各國在民主制度下的司法，確實都遭遇類似困境。

說穿了，司法的本質，是否流於蒼白、無力、形式化，往往繫於其國族的民主法治血脈流淌深淺，其公民群體的自省、自覺能力，以及其司法專業工作者的做然信念。但無論上述三個因子互動的關係與呈現的結果如何，都不會影響一個事實——司法有其極限，也有其界線；它毋須也不應承載不合理的期待，否則只會造成更多誤解與悲劇。

在〈二刀流男孩的存在主義〉中，隨機犯罪與存在的本質辯證，在〈往日重現〉中，對於解離症狀與女性處境的各色迷思；在〈刑法第九十七條〉裡，加害者子女身為「隱形被害者」所須獨自承擔的替代性傷害；在〈他不重〉故事中，精障老者的困境；在〈紅棉線〉裡，家事事件因為種種因素，終演變為刑事案件的哀戚與無力；以及在〈亡命之徒〉當中，司法體系欠缺自信所造成的困境與荒謬種種，都希望呈現出司法作為一種乘載民意想像與期待投射的對象，其極限與界線之所在。

黃粱在面對那樣一個沒有「自信」的司法體系與過度期待司法的民意時，就像任何一個對體系還有信念的審、檢、辯一樣，是極其無力的——因為他自己正是體系的一員。雖然有可能透過實踐與抵抗來證立自己的存在意義，但也僅止於此——他終究無能改變體系，也無力扭轉民意輿論的走向。

因為無力，所以抵抗；因為抵抗，所以無力。不僅黃粱，所有在司法中掙扎的人們，某程度都是那個重複推巨石上山的薛西弗斯，都陷在那個永難掙脫的超現實夢境之中。

至於前面所說的「司法欠缺自信」，則是體現在必須在實踐中（至少暫時性的），拋棄法治理論下種種為人所難解的基礎原理及原則，去仰賴民意鼻息，同時卻又害怕透過判決進行具體的白話說理，與人民就司法的認事用法進行細究、甚至辯論的矛盾之中。那是身為資深辯護人的黃粱親眼所見的病灶，但同時卻無力回天的一種困境。

那些民意輿論所想像與期待的司法，正是傳統華文法庭公案小說當中，最愛販售、奠基於「有罪推定」原則的封建「青天」論——從《包公案》、《狄公案》乃至於《施公案》，都透過司法工作者本人準神格化的神通廣大與奮戰意志，以及最終回歸到封建體制權威加持（尤其是當權者垂青特定司法實務工作者），去徹底掩蓋了近代民主法治下，司法制度三本柱的重要性：對基本法治原則的深刻信仰、對事實細節與正當程序的堅持著重，以及不畏說理、進行抗眾（與抗威權）之必要。

若從那樣的意涵出發，說這本短篇小說是一本指向現代司法認知失調（cognitive dissonance）

症狀的「反公案」作品，說不定也算合理。

法律虛構寫作與符碼：虛與實的交錯

與法律相關的虛構寫作，有它的先天困境；其中最明顯的，大概就是必須考量到讀者對內容的接受度，但又同時不太違背作者自己的期待。不過，對一個坦誠的作者來說，在那之前或許還有更重要的事情，就是在寫作當中，讓作者自己找些樂子，同時也設法在虛構的敘事當中，賦予自己（與讀者）一種踏實感——也就是我稱之為透過「扎實的虛構寫作」賦予一種「荒謬的現實感」的筆法。我所心儀的諸多作家中，如卡繆（Albert Camus），安伯托．艾可（Umberto Eco），以及一眾日本推理作家如松本清張、宮部美幸（常被稱為社會派推理）與大岡昇平、中山七里（法庭推理）等，都有類似的操作方式。

因此，我也試著在本書的寫作中，捏造出一個工體不明的社會群體來進行投射與敘事，然後大量取用、滲入我所熟悉的法律與行為科學知識，以及埋入了一些小小的文學、哲學與流行文化符碼，諸如：特定的流行音樂歌詞，指向某些文學作家及著作，乃至引用了某本經典圖像小說的一句話、甚或小小的動漫典故等，用以自娛娛人，同時也設法給這部作品所建構的世界觀，多一些現實感。

至於寫作行文本身，在過程中倒是有些有趣的發展：原本每一個短篇故事的篇幅設定，都遠長於目前的成果（最終一個故事平均約一萬五千字左右）；是在與出版社編輯們來回討論及刪修後，才終於底定了目前的篇幅與面貌。

在這裡也真是要感謝寶瓶編輯群，尤其是亞君社長的專業意見及無比耐性；在這種有時我都會對自己感到不耐煩的情況下，亞君社長居然能鞭策我完成本作，實在是功不可沒。

作者已死，抑或遊魂尚存？

據說「作者已死」——羅蘭．巴特早在一九七六年所提出的論述，對於我這個各式文本的疲懶且放肆的資深讀者（當然也是詮釋者）來說，向來略有警醒之效——無論是各式中、英文法律、文學、心理，乃至於虛構、通俗文本等的閱讀，我都很清楚：身為讀者，可以選擇是否前往原作者寫作的脈絡領域內，吸取自己解讀文本的養分，抑或做出完全跳脫作者原旨（所謂「作者原旨」，除非作者親臨，否則其實也是另一種詮釋而已）的詮釋或引申。

而現在，我自己變成了作者，其實也打算試著去遵循那樣的法則，非必要，不去為自己的作品解說太多——除非真的有人非知道不可（即便如此，作者本身的詮釋，也就只是諸多詮釋版本當中之一而已，未必有比較特殊的地位可言）。換句話說：這本書在寫作完成，交到讀者手上、映入讀者眼簾之時，作者原本想什麼，大概就已經不那麼重要了。身為讀者，你怎麼讀都可能是對的。

但盼身為讀者的你，可以從閱讀、接納、解構、詮釋、批判這本小說的每一個故事中，獲得一些樂趣、慰藉，甚或淨化。這樣，身為作者的我，也就於願足矣。

【推薦文】

凝視深淵

文◎**陳昭如**（作家，著有《無罪的罪人》、《判決的艱難》等）

我很喜歡德國作家席拉赫在《可侵犯的尊嚴》裡的這段話：

「我們希望能有明確的證據，渴望事情一清二楚，毫無疑問，渴望這個世界黑白分明。但現實並非如此，刑事訴訟很複雜，真相只是表面，而且很少是單純的，這樣的真相永遠令人難以承受。到最後，我們只能仰賴刑事訴訟法的嚴謹，來判斷一個人的罪過。這仍舊是我們所擁有的最佳方法。」[1]

為什麼席拉赫這麼說？因為現實遠比想像中要來得複雜許多。誰是好人？誰是壞人？誰有罪？誰無罪？任何不在犯案現場的人，都很難確認到底發生了什麼事。因此，代表公權力的執法者要剝奪一個人的生命、財產、自由或其他權利，必須恪遵國際公認的刑事訴訟基本原則——無罪推定，唯有所有證據都超越合理的懷疑（reasonable doubt），透過嚴謹的程序與方法證明確實有犯罪事實，才能夠定罪。

然而執法者不是神，只是人，既有屬於人的七情六慾，也有屬於人的義憤悲憫，若是囿於個人經驗、確認偏誤、隧道視野、迷信科學證據等因素，很可能會忽略對被告有利、或與控訴不符的證據，讓判斷的天平不自覺地往有罪的方向傾斜。法律圈有一則流傳已久，但很難笑的笑話：「無罪推定就像鬼，聽過的人多，看過的人少」，這就是書名極具反諷意味的《有罪推定》所描繪的司法實務現況，看似駭人，卻頗為忠實地反映了（部分）事實。

就創作形式而言，《有罪推定》是一部小說，不過就貫穿全書的主角律師黃粱（不知是否源自唐代「黃粱一夢」的典故，暗喻人生如夢，短暫而虛幻，終將成為泡影）的人設：精

1《可侵犯的尊嚴》（Die Würde Ist Antastbar）pp.90-91，費迪南・馮・席拉赫，先覺出版社，2016。

研司法心理學，個性軟硬不吃，厭惡權威，偏愛逆風行事，以及部分案例的描述，或許會與作者個人的經驗產生聯想。暫且不論書中的案例是真實、是虛構，或兩者兼而有之，值得注意的是，這些故事常以「犯罪動機」作為重心，關切的不是「被告犯了什麼罪」、「他受到什麼樣的懲罰」，而是「被告為什麼要這麼做」、「他到底在想什麼」，這是法庭上鮮少被討論的問題。或許是作者察覺「被告的臉孔」竟是如此神似：失能的家庭，匱乏的教育，貧窮，疾厄，犯罪……就算被告並不是無辜的，全書仍花了許多篇幅描繪黃粱如何積極探索被告在赤裸裸的人性驅使下，終究墜入犯罪的黑洞的過程。因為當律師所做的是有罪量刑辯論，而不是無罪辯護時，更必須知道被告的生命脈絡，進而理解犯行的成因，才有機會說服法庭將他們視為活生生的人來看待，而不只是審判的標的物。這不是刻意「替壞人說話」，而是在維護正當法律程序之內，每個人應有的權益。只是這樣的用意，常被誤認為是沽名釣譽，冷嘲熱諷者所在多有。

無論是法院審判或律師辯護，都應揚棄先入為主觀念，才可能接近真相。然而確認真相是何等艱難的事，尤其涉及兒少、弱勢或殺人的刑事案件，就算媒體報導時，行禮如儀地打上「未經法院宣判之前，應推定為無罪」的字樣，在群情激憤，人人喊殺喊打的氛圍下，有時就連形式上的「公平審判」與「正當程序」亦不可得——因為有罪判決既能滿足對正義感的需求，又能簡化對他人痛苦的感受，讓人得以輕率地對待事實。於是證據法則放寬了，無罪推定原則鬆懈了，傾向有罪的判決也就出現了，就如書中有段話是這麼說的：

「大多數法院其實不太在意檢方起訴有多少漏洞、達到什麼門檻，更不在意證據取得過程有沒有什麼瑕疵。只要不是明顯刑求留下傷痕，對於自白與證據，司法實務上向來就是穩定採取『證據愈多愈好』的立場——哪怕這些證據可能是透過不正手法取得，有時還是可以將之『權衡』進來，作為法院判決被告有罪的依據。」（p.143）

全書不時以戲謔、揶揄的口吻，表達對司法的偏頗失序、媒體的推波助瀾、獵巫的社會氛圍等亂象的不耐與不滿。但再怎麼牙尖嘴利、得理不饒人的字眼，仍掩蓋不了深受職業傷害的黃粱在承辦案件時的巨大壓力及深沉無奈。即使如此，作者仍不厭其煩地仔細梳理犯案者的人生遭遇，期待外界看到的不只是卷證上生冷的文字，而是被告的真實處境與內心世界，訴說司法與人性的掙扎，罪惡與懲罰的煎熬，對善惡與對錯的理解，進而叩問生而為人的尊嚴與價值。

犯罪從來不只是外顯的罪行，更有其背後的生命經驗與社會脈絡。不是所有的犯行都是出自惡意，有些是出於無奈，甚至是傷痛，因為無法掙脫受困的命運，於是逐步走入黑暗。或許，世上並沒有真正的惡人，只是任誰都敵不過內心的軟弱，才會一步步墜入有如地獄般的深淵吧。

閱讀《有罪推定》的過程可能是不悅的、訝異的，甚至是驚悚的，畢竟書中所描述的諸多情節，在在挑戰著讀者對司法的既有認知，不論是犯罪者、受害者、律師、法官、檢察官，甚至是法律本身，都失去了一般熟悉的定義。但在克服了這些不適的情緒之後，只要是有心之人應會從中得到反省的契機，並思考如何避免不必要的預斷與偏見。

唯有凝視深淵，才可能找到救贖，這應該也是作者書寫的原意。至於這些故事是真，是假？或許已經不是那麼重要了。

【新書分享會】

《有罪推定》

黃致豪

2024／10／19（六）

時間｜15:00-16:00

地點｜誠品松菸店3樓FORUM
（台北市信義區菸廠路88號）

洽詢電話：(02)2749-4988

＊免費入場，座位有限

國家圖書館預行編目資料

有罪推定/黃致豪著. -- 初版. -- 臺北市：寶瓶文化事業股份有限公司, 2024.09
面； 公分. -- (Vision ; 261)
ISBN 978-986-406-432-8(平裝)

1.CST: 犯罪心理學 2.CST: 犯罪動機

548.52 113012151

寶瓶文化事業有限公司 AQUARIUS

Vision 261

有罪推定

作者／黃致豪

發行人／張寶琴
社長兼總編輯／朱亞君
副總編輯／張純玲
主編／丁慧瑋
編輯／林婕伃・李祉萱
美術主編／林慧雯
校對／丁慧瑋・陳佩伶・劉素芬・黃致豪
營銷部主任／林歆婕　業務專員／林裕翔　企劃專員／顏靖玟
財務／莊玉萍
出版者／寶瓶文化事業股份有限公司
地址／台北市110信義區基隆路一段180號8樓
電話／(02)27494988　傳真／(02)27495072
郵政劃撥／19446403　寶瓶文化事業股份有限公司
印刷廠／世和印製企業有限公司
總經銷／大和書報圖書股份有限公司　電話／(02)89902588
地址／新北市新莊區五工五路2號　傳真／(02)22997900
E-mail／aquarius@udngroup.com

法律顧問／理律法律事務所陳長文律師、蔣大中律師
如有破損或裝訂錯誤，請寄回本公司更換
著作完成日期／二〇二四年七月
初版一刷日期／二〇二四年九月
初版二刷日期／二〇二四年九月二十五日
ISBN／978-986-406-432-8
定價／三九〇元

寶瓶文化·愛書人卡

感謝您熱心的為我們填寫，對您的意見，我們會認真的加以參考，
希望寶瓶文化推出的每一本書，都能得到您的肯定與永遠的支持。

系列：Vision 261　書名：有罪推定

1. 姓名：＿＿＿＿＿＿＿＿＿＿ 性別：□男　□女
2. 生日：＿＿年＿＿月＿＿日
3. 教育程度：□大學以上　□大學　□專科　□高中、高職　□高中職以下
4. 職業：＿＿＿＿＿＿＿＿＿＿＿＿＿＿＿＿
5. 聯絡地址：＿＿＿＿＿＿＿＿＿＿＿＿＿＿＿＿
   聯絡電話：＿＿＿＿＿＿＿＿＿＿＿＿＿＿＿＿
6. E-mail信箱：＿＿＿＿＿＿＿＿＿＿＿＿＿＿＿＿
   □同意　□不同意　免費獲得寶瓶文化叢書訊息
7. 購買日期：＿＿年＿＿月＿＿日
8. 您得知本書的管道：□報紙／雜誌　□電視／電台　□親友介紹　□逛書店
   □網路　□傳單／海報　□廣告　□瓶中書電子報　□其他
9. 您在哪裡買到本書：□書店，店名＿＿＿＿＿＿＿＿＿＿
   □劃撥　□現場活動　□贈書
   □網路購書，網站名稱：＿＿＿＿＿＿＿＿＿＿　□其他
10. 對本書的建議：＿＿＿＿＿＿＿＿＿＿＿＿＿＿＿＿

＿＿＿＿＿＿＿＿＿＿＿＿＿＿＿＿＿＿＿＿

＿＿＿＿＿＿＿＿＿＿＿＿＿＿＿＿＿＿＿＿

＿＿＿＿＿＿＿＿＿＿＿＿＿＿＿＿＿＿＿＿

11. 希望我們未來出版哪一類的書籍：＿＿＿＿＿＿＿＿＿＿＿＿

＿＿＿＿＿＿＿＿＿＿＿＿＿＿＿＿＿＿＿＿

（請沿此虛線剪下）

亦可用線上表單。

寶瓶　讓文字與書寫的聲音大鳴大放

寶瓶文化事業股份有限公司

廣 告 回 函
北區郵政管理局登記
證北台字15345號
免貼郵票

寶瓶文化事業股份有限公司 收

110台北市信義區基隆路一段180號8樓

8F,180 KEELUNG RD.,SEC.1,

TAIPEI.(110)TAIWAN R.O.C.

（請沿虛線對折後寄回，或傳真至02-27495072。謝謝）